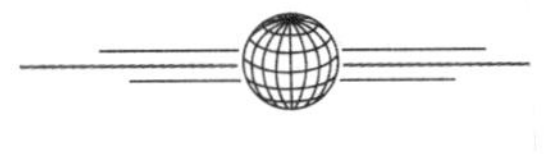

VORWORT

Liebe Leserin, lieber Leser!

Dies ist nun der vierte Band über das Thema Transsurfing, jenen geheimnisvollen Aspekt der Realität, der bei den Lesern so großes Erstaunen hervorgerufen hat. Im Alltag untersteht der Mensch der Macht der Umstände und kann den Gang der Dinge kaum beeinflussen. Das Leben läuft mehr oder weniger ab wie in einem unbewussten Traum. Es ist scheinbar unmöglich, dieser fatalen Zwangsläufigkeit zu entrinnen. In Wirklichkeit jedoch gibt es einen ganz unerwarteten Ausweg. Der Mensch ahnt nicht, dass er sich in der Gefangenschaft einer Spiegelillusion befindet.

Die Realität hat zwei Erscheinungsformen: eine physische, die wir mit den Händen berühren können, und eine metaphysische, die jenseits unserer Wahrnehmung liegt, aber nichtsdestoweniger objektiv existiert. Die Welt ist wie ein grenzenloser *dualer Spiegel:* Zur einen Seite erstreckt sich das materielle Universum und zur anderen der metaphysische Variantenraum, jenes Informationsfeld, in dem die Drehbücher aller potenziellen Ereignisse gespeichert sind. Die Anzahl der Varianten ist unendlich, genauso wie die Punktmenge in einem Koordinatensystem. Alles, was war, ist und sein wird, ist dort aufgezeichnet; von dort kommen zu uns Träume, Hellsichtigkeit, intuitives Wissen und Erleuchtung.

Wer dem Zauber dieses Spiegels erliegt, hält die Reflexion für echte Realität. Der Spiegeleffekt erweckt den Anschein, als würde die Welt für sich existieren und sich nicht lenken lassen. Als Folge davon wird das Leben zu einer Art Spiel, in dem die Regeln nicht von Ihnen bestimmt werden. Natürlich können Sie versuchen, auf das Geschehen einzuwirken. Die Hauptsache aber wurde Ihnen vorenthalten: Niemand hat Ihnen erklärt, wie Sie aus einem Spielchip zu jemand werden können, der die Würfel wirft.

In diesem Buch erfahren Sie, warum Realitätssteuerung möglich ist und wodurch sie behindert wird. Sie werden in die Lage versetzt, der illusorischen Reflexion zu entgehen und aus Ihrem Spiegeltraum zu erwachen.

Kapitel I

Schattentänze

Wir gehen mit unserer Welt spazieren.

Die Urquelle der Absicht

Die Beziehung des Menschen zu seiner Umwelt ist so beschaffen, dass ihm alles Neue mit der Zeit wie von selbst alltäglich erscheint. Die Realität wechselt ständig ihre Form, so wie die Wolken am Himmel. Aber die Geschwindigkeit des Wandels ist nicht hoch genug, als dass wir den Strom der materiellen Realisierung im Variantenraum direkt wahrnehmen könnten. In ähnlicher Weise werden auch die Bewegung und die Transformation der Wolken für das menschliche Auge nur im Zeitraffer klar erkenntlich.

Selbst Veränderungen, die das Leben für eine Weile frisch und in neuem Licht erscheinen lassen, verblassen so schnell, wie sie gekommen sind. Das Ungewöhnliche wird zur Normalität, die Freude des Festtags löst sich im Alltäglichen auf. Bleierne Monotonie ...

Es drängt sich natürlich die Frage auf, was es mit dieser Langeweile eigentlich auf sich hat. Und es ist gar nicht leicht, eine eindeutige Antwort zu geben - da ist es schon einfacher zu erklären, was man gegen sie tun kann. Um sich vor dem grauen Alltag zu retten, erfinden Seele und Verstand alle möglichen Spielzeuge, die für abwechslungsreiche Erfahrungen sorgen sollen. Spielzeug ist ein gutes Mittel gegen Langeweile. Noch besser sind Spiele.

Neben winterlichen Vergnügungen wie Schlittenfahren und Skilaufen erfreuen sich das Versteckspiel, Fangen und andere Variationen des fröhlichen Herumtollens großer Beliebtheit. Auch Erwachsene denken sich immer feinere Formen der Unterhaltung aus, angefangen mit Wettkämpfen bis hin zur virtuellen Realität. Sogar viele Berufe sind ihrem Wesen nach nichts anderes als Spiele.

Wieso eigentlich "viele"? Versuchen Sie mal, eine Arbeit zu finden, die nicht als Spiel anzusehen ist. Im Grunde ist alles, was der Mensch tut, ein Spiel. Was Kinder tun, nennen die Erwachsenen herablassend "spielen". Die Erwachsenen aber spielen genauso, nur nennen sie das wichtigtuerisch ihre "Arbeit".

Beide, Kinder wie Erwachsene, gehen ihrer Beschäftigung mit vollem Eifer nach. Fragen Sie ein Kind, was es gerade tut, wird es ernst, ja fast beleidigt antworten: "Ich spiele!" Und versuchen Sie, einen Erwachsenen von seiner Arbeit abzulenken, wird er sich empören: "Ich habe Wichtiges zu tun!"

Das "Spiel" ist also eine recht ernste Angelegenheit. Was tun Kinder, wenn sie nicht spielen? In der Regel treiben sie Unfug. Und Erwachsene? Sie lassen alle Fünfe gerade sein - oder wie auch immer sie das nennen. Doch der Müßiggang führt schnell zu Überdruss und Langeweile, und dann will man sich wieder mit einem Spiel beschäftigen.

Wozu sind Spiele überhaupt nötig - nur um die Zeit totzuschlagen? Oder stellen wir die Frage etwas anders: Was ist der Grund für Langeweile - ein Mangel an Erfahrungen und Eindrücken?

In Wahrheit ist diese Thematik gar nicht so simpel, wie sie erscheinen mag. Die Neigung zum Spielen wird von einem Bedürfnis gespeist, das so alt ist wie unsere Welt. Was ist das vorrangige Bedürfnis für uns Lebewesen? Der Drang zum Überleben und zur Selbsterhaltung? Das wäre sicher eine moderne, aber falsche Antwort. Vielleicht der Fortpflanzungstrieb? Wieder falsch geraten. Was dann?

Das vorrangige Bedürfnis besteht darin, zumindest zu einem gewissen Maße frei über das eigene Leben zu verfügen – das ist das fundamentale Prinzip, das die Wurzel des Verhaltens aller Lebewesen bildet. Alles Übrige, einschließlich des Selbsterhaltungs- und Fortpflanzungstriebs, ist nur eine Folge dieses Urprinzips. Mit anderen Worten, *der Sinn und Zweck des Lebens besteht für alle in der Realitätssteuerung.* Das gilt nicht nur für Menschen.

Realitätssteuerung aber ist problematisch, wenn die Umwelt unabhängig von uns existiert und sich völlig unkontrolliert, ja mitunter feindselig verhält. Immer wieder geschieht es, dass jemand uns unser Stück Brot wegnehmen, uns aus unserer gemütlichen Ecke scheuchen oder uns gar auffressen will. Schlimm oder sogar schrecklich ist es, wenn wir unser Leben nicht selber leben können, sondern es mit uns umspringt, wie es will, ohne dass wir etwas dagegen tun können. So entsteht das dringende, wenngleich oft unbewusste Bedürfnis, die Umwelt unter Kontrolle zu halten.

Diese Sichtweise mag für viele überraschend klingen: "Was?! Ich dachte immer, der Selbsterhaltungstrieb sei mein erstes Bedürfnis. Und jetzt soll er nur die Folge von etwas noch Grundlegenderem sein?"

Seltsam erscheint dies jedoch nur auf den ersten Blick. Wenn uns klar wird, womit sich das Lebewesen wirklich beschäftigt (einschließlich

Überleben und Fortpflanzung), so können wir alles auf sein Bestreben zurückführen, Kontrolle über die Umwelt zu erlangen. Das ist das Hauptmotiv für alle Tätigkeiten und die Urquelle jeder Absicht.

Untätigkeit ist auf die Abwesenheit solcher Kontrolle zurückzuführen. *Daher gibt es Langeweile an sich gar nicht - eigentlich geht es dabei um den beharrlichen, unersättlichen Drang, die Realität zu steuern,* ihr irgendwie den eigenen Willen überzustülpen. In diesem Sinne ist das Spielen eine Ausdrucksform der Realitätssteuerung.

Bestimmte Vögel haben zum Beispiel Spaß daran, mit Tannenzapfen zu spielen. Ein solcher Tannenzapfen ist eigentlich Teil einer unabhängig existierenden, ungesteuerten Realität. Aber kaum hat der Vogel ihn zum Objekt seines Spiels gemacht, wird dieser Teil - und damit in gewissem Grade auch die Realität - lenkbar.

Auch Skifahren ist eine Art Realitätssteuerung. Die Realität trägt mich, aber so, wie ich es will. Auch jedes andere Spiel folgt auf die eine oder andere Art der Regel: "Es wird so sein, wie ich es will." Das Drehbuch des Spiels ist mehr oder weniger vorherbestimmt, und folglich sind die Situationen vorhersehbar. Natürlich gibt es Spiele, bei denen die Lenkung sich recht schwierig gestaltet, aber sie alle beruhen auf ein und demselben Prinzip: das Geschehen dem eigenen Willen unterzuordnen.

Auch Unterhaltung ist für den Zuschauer ein Spiel, bei dem es letztlich um Realitätslenkung geht. Ob Musik, Bücher, Kino oder Fernsehshows - all dies ist Labsal für Seele und Verstand. Das erschöpfende Kreisen der Gedanken kommt zur Ruhe und geht über in einen Flug auf den Schwingen einer sanften Melodie oder eines ergreifenden Sujets. Was mit den Filmhelden auf der Leinwand geschieht, ist eine zahme, dressierte Form der Realität, und der Zuschauer genießt sorglos die Vorstellung.

Die Spiele mit der Realität hören sogar während des Schlafs nicht auf. Seele und Verstand finden Erquickung im Reich der Träume, wo sich die Realität schon einem Hauch der Absicht unterwirft.

Zu guter Letzt ist auch das Spiel der Einbildung eine statthafte Methode. Der Mensch erfindet sogar eine fehlende Realität, wenn sie sich denn nur lenken lässt. Das Reich der Fantasie übt einen ungewöhnlichen Reiz aus. Die Vorstellungswelt darf so lange ungewöhnlich bleiben, wie sie unwirklich ist. Die Realität hingegen ist aufgrund ihrer Nähe alltäglich, aber gleichzeitig unzugänglich, weil sie so schwer zu beeinflussen ist.

Im Grunde zielen all diese Spiele nicht darauf ab, Langeweile zu bekämpfen. Unsere Realität ist nicht langweilig, sondern alltäglich, da sie immer gleich unlenkbar ist. In der Regel lässt sie sich nicht ohne Weiteres der Idee unterordnen: "Es wird so sein, wie ich es will." Deshalb entflieht der Mensch gern ins Spiel, wo alles einfach und vorhersehbar ist.

Letztlich können wir aber der unvermeidlichen Wirklichkeit nicht entrinnen. Das Leben des Menschen ist durch die Umstände und durch seine gesellschaftliche Lage bedingt. Die Realität entwickelt sich größtenteils unabhängig von seinem Willen. Für jedes "Ich will" gibt es ein "Darfst du nicht". Und jedem "Gib" entspricht ein

"Kriegst du nicht". Was kann man unter solchen Bedingungen tun? Die Menschen verhalten sich in der Regel alle gleich. In dem Versuch, ihr Wunschziel zu erreichen, sind sie bestrebt, direkt auf ihre Umwelt einzuwirken - nach dem Prinzip "Gib!". Diese geradlinige Wirkungsnahme, die auf unmittelbarem Kontakt beruht, ist eine Form der Realitätslenkung - aber nicht die einzige und bei Weitem nicht die wirksamste.

Wir wollen es anders tun: Wir werden die Hände hinter dem Rücken verschränken und so tun, als würde die Welt von selbst unseren Wünschen entgegenkommen. Wie das genau zu tun ist, werden wir im Weiteren sehen. Transsurfing ist eine Technologie zur Realitätssteuerung ohne direkte Einwirkung. Aber nicht bloß zum Spaß, wie im Spiel, sondern in der Wirklichkeit.

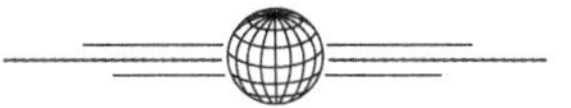

Das Gesetz des Pechs

Zum Erlernen der Realitätssteuerung ist es zumindest nötig, sich mit dem Mechanismus auszukennen, wie die Realität Gestalt annimmt. Jeder Mensch formt und gestaltet ganz unmittelbar *seine eigene Welt*. Doch er ist sich kaum bewusst, wie dies geschieht.

Das Credo des Menschen ist: "Alles wird so sein, wie ich es will." Er versucht, sein einfaches Prinzip auf die Welt anzuwenden: "Wohin ich mich wende, dahin gelange ich. Wo ich drücke, da biegt sich's."

Doch aus irgendeinem Grunde spielt die Welt nicht mit. Darüber hinaus wendet sich der Mensch in *eine* Richtung, landet am Ende aber ganz woanders.

Eines sollte uns nachdenklich stimmen: Wenn sich die Realität so unkooperativ verhält, könnte eine andere Herangehensweise angesagt sein. Vielleicht folgt sie ja ganz anderen Gesetzen?! Aber der Mensch will nicht innehalten, um Einsicht zu gewinnen, sondern setzt unbeirrt seinen Pfad fort.

Als Folge solchen "Schaffens" gelangt er in eine Weltschicht, wo "alles nicht so ist, wie ich will". Schlimmer noch: Vieles ist gerade "so, wie ich es mir nicht wünsche". Eine seltsam launische, unnachgiebige Realität!

Nicht selten entsteht der Eindruck, das Verhalten der Welt sei eine Art Trotzreaktion. Unannehmlichkeiten und Probleme scheinen wie durch eine unerklärliche magnetische Kraft zu uns zu kommen. Befürchtungen werden bestätigt, und die schlimmsten Erwartungen bewahrheiten sich. Ständig werden wir von etwas verfolgt, was wir nicht mögen und zu vermeiden suchen. Warum ist das so?

Zu Beginn unseres Transsurfing-Kurses haben wir bereits darüber gesprochen, woran es liegt, dass wir das bekommen, was wir nicht wollen - insbesondere dann, wenn dieser Unwille sehr ausgeprägt ist. Wenn wir etwas von ganzem Herzen hassen oder fürchten, so wird uns die äußere Absicht genau dies im Überfluss bescheren.

Die geistige Energie, die aus der *Einheit von Seele und Verstand* geboren wird, wandelt eine potenzielle Möglichkeit in Realität um. Mit anderen Worten: *ein Sektor des Variantenraumes materialisiert sich,* gemäß den Parametern der gedanklichen Ausstrahlung, wenn die Gefühle der Seele mit den Gedanken des Verstandes übereinstimmen.

Aber das ist nicht der einzige Grund für die Realisierung unserer schlimmsten Erwartungen. Eigentlich ist ein Leben ohne Probleme die Norm. Alles läuft glatt, *solange wir uns mit dem Variantenstrom bewegen,* ohne das Gleichgewicht zu verletzen. Der Natur behagt es nicht, Energie zu verschwenden, und es ist ihr auch nicht daran gelegen, Intrigen zu schmieden.

Unerwünschte Umstände und Ereignisse sind eine Folge davon, dass *Überschusspotenziale* zur Entstellung des energetischen Bildes beitragen, und *Abhängigkeitsverhältnisse* verschlimmern die Sache noch. Überschusspotenziale entstehen immer dann, wenn wir irgendwelche Dinge oder Eigenschaften übermäßig wichtig nehmen. Und Abhängigkeitsverhältnisse bilden sich zwischen Menschen, wenn diese beginnen, sich miteinander zu vergleichen und Bedingungen zu schaffen wie: "Tust du dies, dann tue ich jenes."

Eigentlich sind Überschusspotenziale keine so schlimme Sache, solange die Überbewertung für sich existiert, also ohne direkten Bezug zur Umwelt. Wird aber eine künstlich überhöhte Bewertung eines Objekts in Beziehung zu etwas anderem gestellt, so entsteht eine *Polarisierung,* die den *Wind der Nivellierungskräfte* herbeiruft.

Die Nivellierungskräfte sind bestrebt, eine sich bildende Polarisierung zu beseitigen, wobei sich ihre Wirkung meist gegen den richtet, der die Polarisierung hervorgerufen hat.

Hier einige Beispiele für unabhängige Potenziale: Ich liebe dich; ich mag mich; ich hasse dich; ich kann mich selbst nicht leiden; ich bin gut; du bist schlecht. Solche Bewertungen sind eigenständig, da sie nicht auf einem Vergleich oder einer Gegenüberstellung beruhen.

Und nun ein paar Beispiele von Potenzialen, die auf einem Abhängigkeitsverhältnis beruhen: Ich liebe dich - unter der Bedingung, dass du mich liebst; ich mag mich, weil ich euch allen überlegen bin; du bist schlecht, weil ich besser bin; ich bin gut, weil du schlecht bist; ich kann mich nicht leiden, weil ich schlechter bin als alle anderen; du ekelst mich an, weil du nicht so bist wie ich.

Der Unterschied zwischen diesen beiden Gruppen von Bewertungen ist gewaltig. Bewertungen, die an einen Vergleich geknüpft sind, bewirken eine Polarisierung. Die Nivellierungskräfte beseitigen dieses Ungleichgewicht, indem sie einen Zusammenstoß der Gegenteile verursachen. Auf gleiche Weise ziehen sich entgegengesetzte Magnetpole an.

Genau aus diesem Grunde dringen Unannehmlichkeiten so beharrlich und gleichsam vorsätzlich in unser Leben ein. Zum Beispiel hat es oft den Anschein, als würden sich in Ehepaaren miteinander unvereinbare Persönlichkeiten zusammenfinden, gleichsam als gegenseitige Bestrafung. In jeder Gruppe von Menschen wird es immer einen geben, der uns gegen den Strich geht. Murphys Gesetze kennen noch viele ähnliche Fälle. So sind beispielsweise gehässige Nachbarn anscheinend eine integrale Bedingung jedes Zusammenlebens.

Das Beispiel mit den nervigen Nachbarn veranschaulicht gut den Effekt der Polarisierung. Es hat, so alltäglich es auch sein mag, eine unmittelbare Beziehung zur Metaphysik. Das Problem besteht darin, dass die einen Leute die anderen in ihrer Ruhe stören. Aber warum?! Warum gibt es überall und immer "fiese" Typen, die die "Guten" nicht in Ruhe lassen?

Scheinbar könnte man die Menschen in zwei Lager aufteilen. Doch würde man eine Umfrage durchführen: "Zu welchem Lager gehören Sie?", so würden sich wohl nur sehr wenige zu den Schlechten zählen. Unsere Nachbarn sind in der Regel genauso normale Menschen wie wir selbst.

Der ganze Wirbel kommt durch den Wind der Nivellierungskräfte, der es scheinbar immer auf uns abgesehen hat. Die Windrichtung beruht auf dem Prinzip der Gemeinheit: *Wir bekommen gerade das, was wir nicht wollen.*

Nun mag jemand einwenden: "Was zum Teufel soll das Gefasel von Nivellierungskräften? Diese Leute sind einfach gewissenlos bis auf die Knochen - das hat doch mit Philosophie nichts zu tun!" Ich werde Ihnen jetzt beweisen, dass ich mit meiner Ansicht keine leeren Phrasen dresche.

Angenommen, Sie ärgern sich über Ihre Nachbarn. Ärgern die sich vielleicht auch über Sie? Natürlich nicht! Sicher nicht? "Die sind eben so und wir so. Sie sind schlecht, wir aber nicht", werden Sie entgegnen. Aber durch und durch schlechte oder gute Menschen gibt es nicht. Jede Bewertung ist relativ, und durch eine Gegenüberstellung werden Gegensätze geradezu heraufbeschworen.

Doch warum fallen Sie Ihren Nachbarn nicht auf den Wecker? Meine Antwort wird Sie überraschen: *Sie fallen Ihnen nicht auf den Wecker, weil Sie ihnen piepegal sind.* "Genau", werden Sie sagen, "weil die eben so schlecht sind, dass sie kein Gewissen mehr haben."

Durch dieses Verhältnis zu Ihren Nachbarn beschwören Sie eine Polarisierung herauf, die wie ein Elektromagnet alle möglichen Ärgernisse vonseiten Ihrer Nachbarn auf Sie ziehen wird. Sie aber perlen an den Nachbarn ab wie Wasser am Federkleid einer Gans, weil sie nicht das geringste Interesse an Ihnen haben. Es kommt ihnen einfach nicht in den Sinn, Sie ebenfalls negativ zu bewerten, mit Ihnen also in ein Abhängigkeitsverhältnis zu treten. In diesem Sinne pfeifen sie auf Sie - *Sie geben Ihnen keinerlei Bedeutung und nehmen Sie nicht in die Schicht Ihrer Welt auf;* daher leiden sie auch nicht.

Die Nachbarn kennen Ihnen gegenüber keine Polarisierung, solange sie mit ihren eigenen Sorgen beschäftigt sind und Ihnen keine besondere Aufmerksamkeit schenken. Doch sobald sie Ihrer nachbarlichen Existenz Bedeutung schenken und zu vergleichen beginnen, werden sie sogleich bemerken, dass Sie anders sind als sie. Und wenn sie sich darüber aufregen oder sie das empört, werden sie von selbst anfangen, sich zu ärgern. So werden Sie von einem guten zu einem schlechten Nachbarn.

Doch damit nicht genug. Sie werden ihnen zwar Unannehmlichkeiten bereiten, doch nicht begreifen können, wie so etwas jemanden stören kann. Sie werden Ihren Nachbarn auf die Nerven gehen, ohne es auch nur zu bemerken - genauso wie die Nachbarn sich nicht vorstellen können, warum Sie sich über sie ärgern.

Störende Geräusche - zum Beispiel im Zusammenleben - kommen an erster Stelle. Je mehr Sie sich darüber aufregen, desto mehr werden Sie von ihnen verfolgt werden - wenngleich Stille und Ruhe die optimale Form der Existenz sind, nicht nur für Sie, sondern auch für Ihre Nachbarn, denn so wird weniger Energie verschwendet. Ruhestörung ist immer eine Anomalie, die nicht aus dem Nichts entsteht. Woher kommt die Energie?

Der Lärm der Nachbarn bringt Sie aus dem Gleichgewicht, und Sie beginnen, Sie leise (oder laut) zu hassen. Ihre Gereiztheit ist ebenfalls eine Quelle der Energie. Es entsteht ein Abhängigkeitsverhältnis, das eine Polarisierung bewirkt. Rasende Emotionen des Typs "Ich hasse diese lärmenden Nachbarn" erzeugen einen mächtigen Magneten, der alle möglichen anderen Reizerreger anziehen wird.

Gleich nebenan wird eine Familie von Krachmachern einziehen, und die alten Nachbarn werden sich ein lautes Gerät oder Instrument anschaffen, als hätten sie es geradezu darauf abgesehen, Sie zu ärgern. Außerdem werden auch die Nachbarn Ihrer Nachbarn ihren Beitrag leisten, und wenn sich mehrere Parteien in ihrer Ruhe gestört fühlen, wird der Effekt multipliziert.

Natürlich erschöpft sich die "angenehme Nachbarschaft" nicht allein in der Lärmbelästigung. Die Nachbarn können Ihnen mit ihrem Müll auf die Nerven gehen, mit üblen Gerüchen oder indem sie die Wände am Eingang vollschmieren. Und Missgunst gegenüber Nachbarn - wie auch allgemein gegenüber Menschen - kann sogar noch viel schlimmere Folgen haben: Überschwemmung, Feuersbrünste und so weiter.

Entsprechend gilt für alle anderen Fälle eine Art Gesetz des Pechs. Ein Objekt oder eine Eigenschaft, dem wir besondere Bedeutung schenken, zieht Dinge von entgegengesetzter Art an.

Und bekanntlich steigert sich die *Bedeutung* durch den Vergleich und die Gegenüberstellung. Wenn es einen Pol gibt, muss auch ein anderer gefunden werden. Die Polarisierung zieht wie ein Magnet weitere Unannehmlichkeiten heran. Angezogen wird alles, was Missgunst hervorruft. Alles, was ärgerlich macht, folgt auf dem Fuße -

und dann auch alles, was äußerst unerwünscht ist. Dabei ist kein Zauber im Spiel; alles folgt dem oben genannten Gesetz.

Die Polarisierung verzerrt das energetische Bild und bewirkt einen Wirbelwind der Nivellierungskräfte, als dessen Folge die Realität verfälscht abgebildet wird, wie in einem Zerrspiegel. Der Betreffende versteht nicht, dass seine Leidensgeschichte die Folge eines Verstoßes gegen das Gleichgewicht ist, und versucht, mit seiner Umwelt zu kämpfen, anstatt die Polarisierung zu beseitigen.

Dabei bräuchte man nur die Hauptregel des Transsurfings zu beherzigen: *sich selbst zu gestatten, man selbst zu sein, und anderen das Gleiche zuzugestehen.* Man muss der Welt in allen vier Himmelsrichtungen ihre Freiheit lassen. *Loslassen.*

Je mehr wir auf unseren Wünschen und Ansprüchen bestehen, desto stärker wird der Magnet sein, der genau das Gegenteil heranzieht. Dann geschieht Folgendes: Sie packen die Welt am Kragen, aber die Welt sträubt sich und versucht, sich zu befreien.

Drängen und beharren ist vergebens - das macht alles nur noch schlimmer. *Stattdessen sollte man sich einsichtig zeigen und seine Einstellung zur Situation gemäß der Regel des Transsurfings ändern.*

Bemühen Sie sich zum Beispiel eine Zeit lang, die Nachbarn einfach zu vergessen; hören Sie auf, über sie zu schimpfen, und tun Sie so, als gäbe es sie einfach gar nicht. Sagen Sie sich: "Zum Teufel mit ihnen!" Werfen Sie sie einfach aus der Schicht Ihrer Welt heraus.

Sobald es Ihnen gelingt, sich von Ihrer Anhaftung an Ihre Beziehung loszusagen, wird die Polarisierung erlöschen, und die Nachbarn werden allmählich aufhören, Sie zu ärgern. Und wenn Sie es schaffen, das Abhängigkeitsverhältnis ganz zu beenden, wird etwas Unbegreifliches geschehen: Diese fiesen Typen werden Ihre besten Freunde werden.

ALLES GEHT SCHIEF

Im Grunde ist die Existenz eines "Gesetzes der Gemeinheit" ziemlich seltsam, nicht wahr? Wieso verhält sich die Welt auf so garstige Weise? Oder sind das alles nur Vermutungen, Vorurteile? Nein, das Gesetz existiert, daran gibt es nichts zu rütteln. Zum Glück erklärt das Transsurfing nicht nur den Grund für diese Gesetzmäßigkeit, sondern zeigt auch, wie man sie umgehen kann.

Die Regel des Transsurfings funktioniert einwandfrei; wer sie befolgt, befreit sich von vielen Problemen unverständlicher Herkunft. Sobald wir die Welt aus unserem Würgegriff entlassen, wird sie auf einmal ganz lieb und brav.

Doch derjenige, der nicht loslässt, wird wie ein Magnet alle Gegensätze auf sich ziehen. Doch damit noch nicht genug: Sobald die Gegensätze aufeinandertreffen, kommt es zu einer Konfrontation mit Verschärfungstendenz.

Das bekannte *Gesetz von der Einheit und dem Kampf der Gegensätze,* dessen Wesen aus dem Namen ersichtlich wird, ist bereits zur "Schulweisheit" geworden. Die Wolga fließt ins Kaspische Meer, der Mississippi in den Golf von Mexiko. Doch so einfach ist das Ganze auch wieder nicht. Wir wollen uns mal die Frage stellen: Warum gibt es dieses Gesetz eigentlich?

Den Grund für die allgegenwärtige Einheit von Gegensätzen haben wir bereits geklärt: Die Nivellierungskräfte beseitigen sie und stellen so das Gleichgewicht wieder her. Warum aber befinden sich die gegensätzlichen Elemente in einem Zustand unaufhörlichen Kampfes?

Man sollte eigentlich erwarten, dass es anders wäre: Die Gegensätze prallen zusammen, heben einander auf und beruhigen sich wieder. Weit gefehlt: Sie werden einander so lange "ärgern", bis "sie sich in den Haaren liegen". Und wenn man die Raufbolde nicht auseinanderbringt, wird das ständig so weitergehen.

Man muss nicht lange nach Beispielen suchen. Sie können sicher bestätigen, dass auch Ihnen die Welt öfters auf die Nerven geht. Das trifft natürlich für jeden in unterschiedlichem Maße zu; doch allgemein gilt: *Wenn Sie zu einem bestimmten Zeitpunkt etwas aus dem Gleichgewicht bringen kann, dann passiert aus irgendeinem Grunde wie zum Trotz genau dies.*

Das geht etwa so: Wenn Sie etwas beunruhigt, wenn Sie besorgt oder bedrückt sind, dann sind Ihre Nerven angespannt, zumindest ein wenig. Da taucht auf einmal so ein Hanswurst auf und beginnt zu hopsen und Possen zu reißen, was Ihre Nerven noch stärker strapaziert. Sie ärgern sich, doch der Clown treibt weiter seinen Schabernack.

Es gibt viele Möglichkeiten, wie es nun weitergehen kann. Nehmen wir einmal an, Sie haben es eilig und fürchten, sich zu verspäten. Der Clown klatscht, reibt sich die Hände und ruft: "Los geht's!"

Von diesem Augenblick an läuft alles schief. Leute versperren Ihnen den Weg und schreiten in aller Seelenruhe vor Ihnen her, ohne dass Sie sie umgehen oder überholen können. Sie müssen durch eine Tür, vor der sich eine Menschenschlange gebildet hat, die kaum von der Stelle kommt. Auf den Straßen geschieht das Gleiche, nur mit Autos - als hätte sich alles gegen Sie verschworen.

Natürlich lässt sich eine solche Pechsträhne teilweise auf unsere Wahrnehmung zurückführen: Wenn wir es eilig haben, scheint sich die ganze Welt im Zeitlupentempo zu bewegen. Aber es gibt auch offensichtliche Symptome: Der Fahrstuhl klemmt, das Auto bleibt stehen, der Bus hat Verspätung, unterwegs geraten wir in einen Stau - das sind auch objektiv vertrackte Gemeinheiten.

Es lassen sich auch andere Beispiele finden: Wenn Sie beunruhigt und angespannt sind, werden die Leute um Sie herum gerade das tun, was sie aufregt, und zwar genau dann, wenn Sie Ihre Ruhe haben wollen.

Die Kinder tanzen Ihnen auf der Nase herum, obwohl Sie sich eben noch ganz ruhig verhalten haben. Jemand neben Ihnen fängt an zu schmatzen und zu schlürfen. Verschiedene Leute werden Sie drängen oder Sie mit ihren Problemen belästigen. Von allen Seiten drängen sich Ihnen irgendwelche Störungen auf. Wenn Sie ungeduldig auf jemanden warten, kann das lange dauern. Wenn Sie niemanden sehen wollen, tauchen auf einmal die verschiedensten Personen auf. Und so weiter.

Je gereizter Sie sind, desto stärker wird sich dieser Druck von außen bemerkbar machen. Je mehr Sie sich aufregen, desto aktiver werden die Leute Ihnen auf die Nerven fallen. Das Interessante dabei ist, dass sie sich nicht etwa absichtlich so verhalten. Sie können sich gar nicht vorstellen, dass jemand Anstoß an ihnen nimmt. Was ist dann der Grund für ihr Verhalten?

In der Psychologie des Unterbewusstseins gibt es viele blinde Flecken. Merkwürdigerweise werden die meisten Menschen von unbewussten Motiven gelenkt. *Noch seltsamer aber ist es, dass die Triebkraft für die unbewussten Motive nicht in der Psyche des Menschen liegt, sondern im Äußeren.*

Diese Kräfte sind unsichtbare, aber reale, energoinformative Wesen, die von der geistigen Energie der Lebewesen hervorgerufen werden: *die Pendel.* Über die Pendel habe ich im ersten Band dieser Serie viel gesagt. Sie tauchen überall dort auf, wo sie von der Energie eines Konflikts zehren können.

Man sollte nun nicht etwa meinen, diese Wesen seien in der Lage, etwas zu planen oder eine bewusste Absicht umzusetzen. Die Pendel spüren die Polarisierung als ein Ungleichgewicht im energetischen Feld und versuchen, sich wie Blutegel festzusaugen. Das allein wäre aber noch nicht so schlimm.

Das Übel besteht vor allem darin, dass sie nicht nur die Konfliktenergie absorbieren, sondern darüber hinaus die Beteiligten zwingen, sich so zu verhalten, dass diese Energie zunimmt.

Sie tun alles, damit die Energie über die Ufer tritt. Die Pendel ziehen die Menschen an unsichtbaren Fäden, und die Menschen unterwerfen sich wie Marionetten. Wie die Pendel die Motivationen der Menschen beeinflussen, ist noch unklar, doch sie tun es auf sehr wirksame Weise.

Das klare, erwachte Bewusstsein des Menschen ist für die Pendel unzugänglich, aber das brauchen sie auch nicht - das Unterbewusstsein reicht ihnen völlig aus. Praktisch alle Menschen dämmern im Wachzustand mehr oder weniger vor sich hin. Die meisten von uns tun vieles automatisch und sind nur halb bei der Sache, ohne sich klar zu machen: "Ich träume jetzt nicht, und mir ist bewusst, was ich tue und warum ich es gerade so tue."

Der Bewusstheitspegel eines Menschen ist dann besonders niedrig, wenn er sich zu Hause oder in einer Menschenmenge aufhält. In heimischer Umgebung ist keine erhöhte Selbstkontrolle nötig, und daher verhält sich der Mensch dort sehr lasch und schlummert fast. Außer Hause, aber im vertrauten Kreis, ist das Bewusstsein am aktivsten und beschäftigt sich mit Selbstkontrolle. In einer großen Menschenansammlung hingegen werden die Handlungen des Menschen zwar spontan sein, unterstehen aber auch einem starken Einfluss des Herdentriebs.

Die Wirkungsweise der Pendel wollen wir an einem ganz einfachen Beispiel demonstrieren: Sie gehen hinter einem Passanten her, und nach einer Weile wollen Sie an ihm vorbeigehen. Sobald Sie beschlossen haben, sich nach links zu wenden, um ihn zu überholen, macht er spontan einen Schritt in dieselbe Richtung, als ob er Ihnen den Weg versperren wollte. Sie versuchen, ihn rechts zu überholen, doch das Gleiche passiert auf dieser Seite.

Was veranlasst diesen Fußgänger, die Seite zu wechseln? Er sieht Sie ja gar nicht, und es könnte ihm eigentlich sowieso egal sein, dass Sie ihn überholen wollen. Spürt er vielleicht irgendwie instinktiv Ihr Kommen von hinten und möchte den "Konkurrenten" nicht vorbeilassen? Eine solche Annahme würde sich tatsächlich anbieten, und doch liegt darin nicht der Grund für das seltsame Verhalten des Passanten. Wenn wir über "Instinkt" in der Natur sprechen, dann taucht die Idee der Konkurrenz immer dann auf, wenn Opponenten sich gegenüberstehen. Was den Passanten tatsächlich antreibt, einen Schritt zur Seite zu gehen, ist ein Pendel.

Der Mensch geht, ohne daran zu denken, sich in einer geraden Linie zu bewegen. In diesem Sinne schläft er, und so werden seine Schritte hin und wieder spontan nach links oder rechts abweichen. Die Motivation hierbei, das heißt die Wahl der Richtung, liegt im Unterbewusstsein, das momentan unbewacht ist und folglich dem Pendel einen potenziellen Einstieg bietet.

Nun kommen Sie daher und versuchen, den Passanten zu überholen. Das stellt im Prinzip einen Konflikt dar, wenn auch einen kleinen. Um die Konfliktenergie zu vergrößern, zwingt das Pendel den Passanten, einen Schritt zur Seite zu tun, um Ihnen so den Weg zu versperren und die Situation zu verschärfen.

Gleichzeitig handeln Pendel nicht vorsätzlich, da sie so etwas wie eine bewusste Absicht nicht kennen. Auch die Nivellierungskräfte verrichten ihre Arbeit unbewusst. Ich möchte nochmals betonen: Wir sprechen hier von Prozessen, deren Mechanismus bisher unklar ist, und nicht über das vernünftige Verhalten von Lebewesen. Ich beschreibe lediglich bestimmte Erscheinungsformen und Gesetzmäßigkeiten der Natur der energoinformativen Welt.

Es ist sinnlos, beurteilen zu wollen, was für ein Pendel in einer bestimmten Situation am Wirken ist, woher es kommt, wie ihm sein Coup gelungen ist und was auf der energetischen Ebene tatsächlich geschieht. Diese Thematik werden wir sowieso nicht gründlich erfassen können. Wichtig ist nur die hauptsächliche Schlussfolgerung: Wenn die Nivellierungskräfte die Gegensätze zusammenprallen lassen, *tun die Pendel alles, damit sich die Energie des entstehenden Konflikts erhitzt.* Dies ist das *Gesetz des Pendels.*

Die endlosen Kämpfe der Pendel - seien es nun Familienfehden oder bewaffnete Konflikte -, sie alle werden gemäß diesem Gesetz geführt. Ist einmal ein Gegensatz oder eine Opposition entstanden, dann werden die weiteren Ereignisse zur Verschärfung des Konflikts beitragen, auch eine vorübergehende Versöhnung.

Wo das Gesetz des Pendels waltet, sind Vernunft und Verstand außer Kraft gesetzt. Gerade deshalb scheinen die Handlungen einzelner Personen wie auch ganzer Staaten ihre Grundlage sehr häufig nicht im gesunden Menschenverstand zu haben. *In Konfliktsituationen befinden sich die Motive der Menschen in den Händen des Pendels.*

Auf diese Weise ist auch der seltsame Effekt zu erklären, wenn wir unsere früheren Handlungen als eine Art Traum wahrnehmen: "Wo hatte ich nur meinen Verstand? Und wie bin ich überhaupt darauf gekommen, so zu handeln?" Diese Fragen stellt sich jemand, der die Folgen seines Handelns nicht bedacht hat. Erst später, wenn das

Bewusstsein nicht mehr der externen Einwirkung unterliegt, kann er die Situation richtig einschätzen.

Menschen, die einander nahestehen, trennen sich, weil sie überzeugt sind, dass sie charakterlich nicht zueinander passen. Aber es gab auch Momente des Glücks, als alles noch glatt lief. Doch auf einmal ändert sich einer der beiden und benimmt sich harsch und ausfallend. Das lässt sich mit seinem Verhalten nur kurze Zeit zuvor gar nicht vereinbaren. So etwas kennen Sie sicher auch, nicht wahr?

Was hier tatsächlich geschehen ist, ist nicht, dass sich der eine oder andere geändert hat. Der eine handelt auf eine für seinen Partner inakzeptable Weise, weil er vom Pendel dazu gezwungen wurde.

Das Pendel lenkt die unbewussten Motivationen einander feindlich gesonnener Menschen. Und dieses Lenken ist auf eine Zunahme der Konfliktenergie ausgerichtet. Der Mensch versteht nicht, dass er gezwungen wird, auf Konfrontationskurs zu gehen. Er kann dann völlig unlogisch und unangemessen handeln.

Besonders deutlich zeigt sich dieser Effekt bei unerklärlich grausamen Verbrechen. Später, bei der Gerichtsverhandlung, erinnert sich der Angeklagte nur noch mit Befremden an seine Tat: "Ich war irgendwie in ein dunkles Loch gefallen." Und das ist wahrscheinlich nicht einmal eine Lüge. Der Verbrecher ist selbst überrascht, und er nimmt die Erinnerung an seine Tat wie einen Alptraum wahr.

Besonders tief wird der Traum, wenn die Aufmerksamkeit in die *Fangschlinge des Pendels* gerät. In bestimmten Gruppierungen, zum

Beispiel in Armeen oder Sekten, entsteht eine Atmosphäre mit stereotypen Denk- und Verhaltensmustern. Diese Atmosphäre lullt ein, und das Unterbewusstsein öffnet sich vollständig dem roboterisierenden Einfluss des Pendels. Dann geschehen Dinge, die von außen betrachtet völlig unbegreiflich erscheinen.

Warum töten sich Menschen gegenseitig, aus lauter Wut, dass der eine einen anderen Gott verehrt als der andere? Wen kümmert so etwas eigentlich? Doch die Menschen ziehen deshalb zu Tausenden und Millionen in den Krieg. Wo bleibt da der Selbsterhaltungstrieb? Einen Krieg um Reichtum und Ländereien kann man ja noch irgendwie nachvollziehen, doch wie kann man einen Krieg des Glaubens oder der Überzeugungen erklären?

Die Idee vom Frieden haben eigentlich alle im Sinn. Aber die Kriege hören nicht auf. Die Idee des *Einen Gottes* ist klar. Die Idee des Guten, der Gerechtigkeit und der Gleichheit ... Diese Liste könnte man noch lange fortsetzen. All dies verstehen die Menschen, doch der gesunde Menschenverstand funktioniert nicht, und das Böse siegt. Woher kommt all dieses Böse?

Die universelle Quelle alles Bösen sind die Pendel. Wenn wir ein wenig überlegen, werden wir klar erkennen: Wann immer ein Konflikt zwischen diesem und jenem aufkam, bewegte sich alles in Richtung der Mehrung der Konfliktenergie. Mag auch der Kampf aufhören, so dauert es nicht lange, bis er von Neuem entbrennt.

Naturlich können Pendel in allen möglichen Formen auftreten, und auch ihre Destruktivität kann ganz unterschiedlich ausgeprägt sein.

Viele von ihnen sind völlig harmlos. So ist zum Beispiel das Pendel des Transsurfings notwendig, damit so viele Menschen wie möglich darüber nachdenken können, was tatsächlich um uns herum geschieht.

Es geht auch nicht darum, von allen Pendeln völlig befreit zu werden - das ist sowieso kaum möglich. Die Hauptsache ist, keine Marionette zu sein und bewusst so zu handeln, dass die vorhandenen Strukturen unseren eigenen Interessen dienen. Aber wie können wir uns dem negativen Einfluss der Pendel entziehen?

Dazu müssen wir aufwachen und erkennen, auf welche Weise die Pendel uns zu manipulieren versuchen. Zu verstehen, was geschieht, ist dabei schon die halbe Miete. Die Einflusskraft der Pendel ist proportional zu unserer Bewusstheit. Die Pendel haben Macht über uns, solange wir mit offenen Augen träumen.

Vor allem kommt es darauf an, nicht an den destruktiven Kämpfen der Pendel teilzunehmen, es sei denn, Sie haben ein persönliches Interesse daran. Wenn Sie mitten in der Menge sind, sollten Sie von der Bühne in den Zuschauersaal herabsteigen, sich umschauen und aufwachen: "Bin ich mir eigentlich im Klaren darüber, was ich hier tue? Was habe ich davon?"

Das Erwachen aus dem Traum sollte absolut unzweideutig stattfinden, wie bereits erklärt: *"In diesem Augenblick schlafe ich nicht und bin mir genau bewusst, was ich tue, warum ich es tue und warum gerade so."* Wenn Sie sich dies so sagen können, ist alles in Ordnung. Wenn nicht, so werden Sie in einer auch noch so unbedeutenden Konfliktsituation zu einer Marionette.

Die Sache wird noch komplizierter, wenn Sie sich über etwas ärgern. Dann wird der Clown so lange vor Ihrer Nase herumhopsen, bis sich bei Ihnen eine nervöse Anspannung einstellt. Gewöhnlich bedeutet dies, dass Ihre Aufmerksamkeit in die Fangschlinge des Pendels geraten ist. Um sich vom Pendel zu befreien, müssen Sie den Zustand der Gleichgültigkeit erreichen. Aber das ist leichter gesagt als getan.

Nehmen wir an, Ihre Nachbarn fallen Ihnen mit ihrer Musik auf den Wecker, einer Musik, die Ihnen überhaupt nicht gefällt. Ihre Aufgabe besteht nun darin, sich irgendwie vom Pendel "abzukoppeln". Sie können sich aber nicht einfach zwingen, nicht zu reagieren. *Niemand kann seine Emotionen auf Dauer unterdrücken.* Stattdessen sollten Sie Ihre Aufmerksamkeit auf etwas anderes lenken.

Versuchen Sie es mal damit, Ihre eigene Musik abzuspielen - nicht laut, sondern nur, um die Musik der Nachbarn zu übertönen. Denken Sie über weitere Methoden nach, um sich abzulenken. Wenn es Ihnen gelingt, Ihre Gedanken auf etwas anderes zu lenken, werden die Nachbarn nach einer Weile von selbst leise werden.

Das gleiche Prinzip gilt auch für andere Fälle. Wenn "der Clown seine Possen reißt", so bedeutet dies: Ihre Aufmerksamkeit hat sich in irgendeiner Schlinge verfangen. Sie wurden in ein Spiel des Pendels verstrickt, dessen Ziel darin besteht, die Konfliktenergie zu steigern. *Um sich von der Fangschlinge zu befreien, müssen Sie Ihre Aufmerksamkeit auf etwas anderes richten.*

Ganz so arg ist das alles auch wieder nicht. Solange Sie nicht mit offenen Augen träumen, wird nicht "alles schief gehen". Man könnte nun das Ganze einfach als eine ungeheure Wahnvorstellung abtun. Natürlich ist es nicht leicht, sich an den Gedanken zu gewöhnen, dass uns irgendwelche Wesen am Gängelband führen. Ob Sie dieses Wissen nun annehmen oder nicht, hängt ganz von Ihnen ab. Sie müssen das alles nicht glauben. Denken Sie gut nach, und ziehen Sie dann Ihre eigenen Schlüsse.

Die Regel des Pendels

In unserer Welt werden wir fast unweigerlich auf Schritt und Tritt mit direkten oder indirekten Informationen konfrontiert, die mit sexuellen Beziehungen zu tun haben. Im Modell des Transsurfings taucht dieses Thema, wie auch manche andere Themen, in ungewöhnlicher Verkürzung auf. Sex spielt im Privatleben der Menschen eine sehr bedeutende Rolle, ob sie es sich nun eingestehen oder nicht. Genauer gesagt ist es nicht einmal der Sex selbst, der so wichtig ist, sondern die Einstellung dazu. Egal, ob der Mensch ein Sexualleben führt oder nicht, in seinen Gedanken kommt es hin und wieder zu Ausbrüchen, in denen seine Einstellung zum Sex zum Ausdruck kommt.

Auf diesem Gebiet kann es eigentlich keine neutrale Position geben - auf irgendeine Weise kommt die Einstellung des Menschen immer zum Vorschein. Manchen ist das Thema peinlich, andere reagieren gereizt, spöttisch oder mit Abneigung. Bei wieder anderen hingegen keimen Verlangen und Absichten auf. Wenn ihre Absichten nicht oder nur unzufriedenstellend umgesetzt werden können, bilden sich in ihrer Psyche alle möglichen Komplexe oder, in der Sprache des Transsurfings, *negative Dias.*

Es lässt sich feststellen, dass das Thema Sex praktisch jedem zu schaffen macht. Bei sehr vielen Menschen sind in dieser oder jener Form Komplexe vorhanden. Die Pendel spielen dabei eine große Rolle. Sie sind bestrebt, Sie glauben zu machen, dass Sie auf diesem Gebiet unvollkommen sind oder Probleme haben. Und Sie glauben ja tatsächlich, dass Sie Probleme haben - nicht wahr? Sie können sich nicht vorstellen, wie weit verbreitet dieser Glaube ist.

Falls Sie denken, dass mit Ihrem Intimleben nicht alles in Ordnung ist, während es bei anderen ganz gut klappt, so täuschen Sie sich gewaltig. Das ist eine Illusion, die von den Pendeln geschickt mithilfe der Massenmedien hervorgerufen wird. Achten Sie einmal darauf: Wann immer es um das Thema Sex geht, sind Sie von Menschen umgeben, bei denen angeblich alles im Lot ist.

Stellen wir uns einmal ein Stadion voller Menschen vor. Wenn wir nun alle, bei denen es "nicht richtig klappt", wegnehmen, dann bleiben nicht mehr übrig, als man an den Fingern seiner Hände abzählen kann. Stellen Sie sich das ganz bildlich vor: ein Fußballstadion voller Menschen, und Sie sind auf der Suche nach den "normalen" Leuten. So sieht es tatsächlich aus.

Selbst wenn Ihre Freunde, die mit ihren Erfolgen prahlen, nicht übertreiben, können Sie dennoch sicher sein, dass auch sie ihre Probleme haben, die sie nicht nur vor ihrer Umgebung, sondern auch vor sich selbst sorgfältig verbergen.

Mit Freud wollen wir am besten gar nicht erst anfangen. Er könnte sich wohl kaum vorstellen, welche Ausmaße die "Sexomanie" heutzutage annimmt. Stellen Sie sich einfach mal folgende Frage: Warum ist eine so einfache Funktion, die von der Natur auf vollkommene Weise erprobt ist, mit derart vielen Problemen behaftet?

Die Antwort auf diese Frage liegt auf einer völlig unerwarteten Ebene, die mit Phänomenen wie dem "Flashmob" verbunden ist. Für den Fall, dass Sie nicht wissen, was das ist, werde ich es hier erklären.

Stellen Sie sich eine überfüllte Straße oder Fußgängerzone an einem sonnigen Tag vor. Alles ist ganz normal. Auf einmal holen einige Dutzend oder Hundert Menschen ihren Regenschirm hervor, spannen ihn auf und verhalten sich genauso, als würde es regnen. Die "normalen Leute" stehen mit offenem Mund da, während sich die "Regenleute" köstlich amüsieren.

Ein solch grandioser Scherz lässt sich ganz einfach bewerkstelligen. Eine Gruppe von Leuten, die einander nicht einmal kennen müssen, verabredet per Internet, zu einer bestimmten Zeit an einem bestimmten Ort zu sein, um dann auf ein Signal hin eine vorher vereinbarte unsinnige Handlung zu begehen.

Was geschieht während einer solchen Inszenierung? Wie Sie bereits wissen, entsteht, wenn eine Gruppe von Menschen in einer bestimmten Richtung zu denken beginnt, ein Pendel. Die Flashmob-Gruppe denkt: "Seht her, hier sind wir mit unseren Regenschirmen!" Die übrigen Passanten sind fassungslos: "Was ist denn mit denen los?!" Die gleichartige innere Ausstrahlung der Menschengruppe erzeugt eine Resonanz, dessen Energie vom Pendel absorbiert wird.

Das Flash-Pendel ist sehr kurzlebig - es flammt kurz auf und erlischt sogleich wieder. Daher hat es niemandem einen Schaden zugefügt. Dieses harmlose Beispiel führt uns aber vor Augen, wie sich die dauerhafteren - und destruktiven - Pendel bilden und auswirken.

Was ist nötig, um Menschen dazu zu bringen, Energie in einer bestimmten Richtung auszustrahlen? Man muss ein Verhaltens- und Denkmuster festlegen: eine *Regel.* Solche Regeln werden natürlich nicht von Pendeln erschaffen, sondern von den Menschen selbst. Pendel sind nicht in der Lage, eine bewusste Absicht zu realisieren. Sie entstehen spontan, werden aber durch eine geschaffene Regel ins Leben gerufen. Die Regel des Pendels ist äußerst schrecklich und gehört zum Schädlichsten, was sich die Menschheit ausgedacht hat. Sie lautet: *"Mach's wie ich!"*

Alle möglichen Verhaltens- und Denkmuster sind auf die Regel des Pendels zurückzuführen. Achten Sie einmal darauf, und Sie werden bemerken, dass diese Regel auf Schritt und Tritt wirkt. Natürlich führt sie nicht immer zu etwas Schlechtem. Zum Beispiel erzeugt eine Fan-Welle im Fußballstadion ein Flash-Pendel, das von Resonanzenergie gespeist wird, doch niemand hat einen Schaden davon.

Im Konzertsaal wird die Energie der Zuhörer mit aller Macht von einem Pendel absorbiert. Das schadet ebenfalls niemandem, aber achten Sie mal darauf, wie sich die Künstler oft verhalten. Sie bemühen sich nach Kräften, das Publikum mithilfe der Regel des Pendels in Fahrt zu bringen: "He! He! He! Und jetzt alle!" Das Publikum klatscht gehorsam in die Hände, und diese Energie, die, gemessen am einzelnen Zuhörer, winzig klein ist, schwillt durch die Resonanz zu einem unsichtbaren Monster an, das über dem Saal hängt.

Würde das Pendel die Energie nicht absorbieren, dann würde der Künstler buchstäblich vom Boden abheben. Doch er bekommt nur ein paar Krumen, den Rest schnappt sich das Pendel. Das Monster existiert so lange, wie die Menschen seine Regel befolgen: "Mach's wie ich!"

Na und? - So könnte man fragen. Ist denn etwas Schlimmes passiert? Tatsächlich, die Flash-Pendel sind unschädlich. Und was hat das mit dem Sex zu tun? Das werden Sie wohl kaum erraten.

Wir hatten begonnen, uns mit dem Thema Sex zu beschäftigen, und sind dann auf *Flashmobs* zu sprechen gekommen. Was haben diese beiden Dinge nun miteinander zu tun? Wahrscheinlich haben Sie gedacht, die Verbindung liege irgendwie bei der Energie. Tatsächlich entsteht während des Sex ein Flash-Pendel, das die Resonanzenergie absorbiert. Schon in alten Zeiten hatten die Menschen eine Ahnung - ja sie wussten sogar -, dass während des Geschlechtsakts irgendein Wesen über der Szene schwebt.

Dieses Wesen, das wir im Modell des Transsurfings Flash-Pendel nennen, vereinigt sich bei verschiedenen Völkern gewöhnlich mit emotional gefärbten Gestalten. Zum Beispiel: "Der Teufel hat seinen Spaß." Und einige Anhänger okkulter Praktiken sind fest davon überzeugt, dass zur Zeit des Geschlechtsakts eine Energie ausgestrahlt wird, die Vertreter der feinstofflichen Welt heranzieht. Diese kommen dann herabgeflogen und veranstalten eine Orgie.

Was immer solche Leute sagen, sollte Sie nicht beunruhigen, da Flash-Pendel keinen Schaden verursachen können. Sie ernähren sich einfach von Energie, die Sie auch so verbrauchen würden, mehr nicht. Das ist aber nicht die Hauptsache. Was den Sex in seiner modernen

Art mit dem Pendel vereinigt, ist in erster Linie die Regel des Pendels: "Mach's wie ich!"

Mit der Entwicklung der Massenmedien hat die Regel des Pendels ihre uneingeschränkte Herrschaft angetreten. Durch die Einführung von Verhaltensschablonen wird die Psyche des Menschen auf Schritt und Tritt einer unmerklichen, aber sehr wirksamen Bearbeitung unterzogen. Das Wort "Zombifizierung" würde ich in diesem Zusammenhang gern vermeiden, aber eigentlich läuft alles darauf hinaus.

Die moderne Informations- und Unterhaltungsindustrie beruht auf einem einfachen Prinzip: Schau dir an, wie andere erfolgreich werden, und eifere ihnen nach. Alles, was man Ihnen zeigen will, ist ein *Etalon des Erfolgs.* Das alles verstehen Sie sicher auch so ganz gut, aber vielleicht haben Sie sich nicht vorstellen können, was für einen ungeheuren Einfluss diese Propaganda hat, die manchmal offen zu Tage tritt, meist aber kaum merklich und schleichend vonstattengeht.

Das betrifft insbesondere all das, was mit intimen Beziehungen zu tun hat. Auf diesem Gebiet wird anhand von Stereotypen genau diktiert, *wie es sein soll.* Alle Print- und Videoprodukte zu diesem Thema zeigen Beziehungen, die, wie man verstehen sollte, den Standard erfüllen.

Glauben Sie jetzt nicht, dass ich von irgendeiner Verschwörung oder einer vorsätzlichen Propaganda spreche. In Wahrheit setzt es sich niemand zum Ziel, irgendwelche Schablonen zu etablieren. Alles entwickelt sich wie von selbst. Die Sache ist die, dass der Geist des

Menschen immer von Zweifeln geplagt wird: "Handle ich auch richtig?" Ständig wollen wir Vergleiche anstellen, denn Erfolg ist relativ. Wenn wir nun sehen, dass jemand anders Erfolg hat, neigen wir dazu, ihn als Musterbeispiel, als Etalon zu betrachten.

Intime Beziehungen und insbesondere Sex finden hauptsächlich in einem engen, geschlossenen Kreis statt; folglich wächst das Bedürfnis nach einer Bestätigung, dass "bei uns alles in Ordnung ist". Wenn nun jemand keinen Partner hat - oder noch nie einen hatte -, dann beginnt er fieberhaft nach einem Etalon zu suchen. Und natürlich stellen die Massenmedien dieses Bedürfnis der Menschen zufrieden, indem sie eine große Auswahl an Musterbeispielen anbieten.

So entwickeln sich allgemeingültige Stereotype, wie man *es* tun sollte, wessen Image man pflegen sollte und so weiter. Zum Beispiel ist er ein geiler Macho und sie eine heiße Sexbombe. Seht sie euch an - und seid wie sie! Wenn ihr aber diese Rolle nicht erfüllt, stimmt etwas mit euch nicht.

Es ist schwer, sich das ganze Ausmaß der Destruktivität dieser Regel vorzustellen. Vielleicht denken Sie jetzt, ich übertreibe, wenn ich sage, dass die Regel des Pendels von allen menschenerdachten Dingen das schrecklichste und schlimmste ist. Keineswegs - ich halte mich sogar noch sehr zurück.

Die Anzahl geschiedener Paare ist gigantisch, und die Anzahl unglücklicher Familien womöglich noch größer. Der Hauptgrund für die Unstimmigkeiten ist letztlich mangelnde sexuelle Befriedigung. Alles Übrige sind entweder Folgen dieser mangelnden Befriedigung oder Ausreden von Menschen, die sich den wahren Grund nicht eingestehen wollen.

Die mangelnde Befriedigung tritt dann auf, wenn beide der Regel des Pendels folgen. Sie wissen, dass man *es* standardgemäß so und so tun sollte. Die Regel des Pendels besagt: "Mach's wie ich!" Und das bedeutet: *Ändere dich, ändere dich.* Dann versucht der Mensch, sich dem etablierten Standard anzupassen, empfindet seelisches Unbehagen und demzufolge mangelnde Befriedigung.

Der Fehler von Menschen, die Probleme mit dem Sex haben, besteht darin, dass sie *eine Rolle spielen.* Das Ganze ist sehr einfach. Der Mensch wählt aus einer Menge von Etalons einen, der ihm am genehmsten ist, und einen für seinen Partner. Dann schlüpft er in seine Rolle und projiziert seine Erwartungen auf den Partner. Seltsamerweise spielt er diese Rolle genau nach dem Prinzip des Transsurfings - aus einer gewissen Entfernung, wie ein mitspielender Zuschauer, weil er sich und seinen Partner ständig mit dem Etalon vergleicht: ob auch alles richtig ist.

Im Endeffekt klappt dann nichts, weil Sex von Natur aus Gelöstheit, Freiheit und Selbsthingabe erfordert. Sex ist die einzige Ausnahme, wo man kopfüber in das Spiel eintauchen sollte, jedoch ohne eine Rolle anzunehmen. *Normaler und natürlicher Sex ist ein Spiel nach Regeln, die Sie selbst aufstellen, ohne Rücksicht darauf, wie es andere tun und wie es angeblich angebracht ist.*

Zu allem Überfluss kommt noch die trügerische Verquickung zweier Begriffe hinzu: Liebe und Sex. Oft hört man scheinheilige Worte wie:

"Wir werden uns jetzt lieben." Wäre es nicht einfacher, die Dinge beim Namen zu nennen? Sex ist nicht Liebe, und Liebe ist nicht Sex. Widersprechen sich diese Begriffe etwa? Das nicht, aber ich wiederhole: *Liebe ist nicht Sex, und Sex ist nicht Liebe.*

Man kann beides miteinander vereinen oder auch trennen. Aber die Regel des Pendels verhindert es, dies *auf natürliche Weise* zu tun. Ich glaube mich nicht zu täuschen, wenn ich sage, dass viele Misserfolge im sexuellen Kontakt etwas damit zu tun haben, dass das Paar der Regel des Pendels folgt und versucht, Liebe und Sex künstlich zu vermischen. Was dabei herauskommt, ist eine ungereimte Kreuzung.

Wenn man die Regeln und Standards einmal vergisst, wird alles sehr einfach. Stellen Sie sich einmal eine Skala mit einem Nullpunkt in der Mitte vor, wo die Einteilung nach links in Richtung Liebkosung geht, nach rechts in Richtung Aggression. Geht der Zeiger nach links, haben wir es mit Liebe zu tun, geht er nach rechts, ist es Sex. Der Gedanke mag Ihnen gefallen oder nicht, aber Sex ist einfach aggressiver als Liebe.

Doch viele Menschen genieren oder fürchten sich, wenn bei ihnen die "diabolischen" Triebe erwachen. Sie halten das für widernatürlich. In der Tat: Es kommen zwei normale Menschen zusammen und verhalten sich zuerst ganz gewöhnlich, doch dann erscheint ein animalischer Glanz in ihren Augen, und sie stellen Dinge an, die aus dem Rahmen fallen ... doch was für ein Rahmen eigentlich?

An dieser Stelle tritt die Regel des Pendels in Kraft. Einerseits gibt es einen allgemeingültigen Rahmen des Anstands, den zu überschreiten nicht immer angenehm ist. Andererseits ist es unmöglich, innerhalb dieses Rahmens sexuelle Befriedigung zu bekommen. Doch irgendwie möchte man sowohl den Anstand wahren als auch befriedigt werden.

Um sich den Standards anzupassen, beginnen die Menschen, ihre Rollen zu spielen. Weil sie sich vor dem Erwachen ihrer tierischen Triebe fürchten, verdünnen sie Sex zu etablierten und ihnen notwendig erscheinenden Ritualen. Dies führt wiederum zu einer gewissen Versklavung. In dieser Hinsicht empfiehlt es sich, die Zügel loszulassen, und die Regel des Pendels wird nicht mehr greifen. Umgekehrt, wenn der Zeiger weit zur Seite der Aggression ausschlägt, bedarf es einer Bestätigung: "Liebst du mich eigentlich?"

Auf der Bühne befinden sich also ständig zwei mitspielende Zuschauer. Sie hängen wie Marionetten an einem Draht, an den sie sich selbst geklammert haben. Was tun sie? *Sie versuchen mit allen Kräften, den Zeiger mal zu dieser, mal zu jener Seite zu verschieben.* Dabei bräuchten sie nur auf die Regel des Pendels zu pfeifen und den Zeiger loszulassen, soll er sich doch frei bewegen - allerdings in Entsprechung zu den Gefühlen der Seele und nicht zu den Ideen des Verstandes.

Jemand mag nun einwenden, dass man auf diese Weise schon bald auf eine animalische Stufe herabsinken werde. Auch in diesem Argument ist wieder der Einfluss des Pendels zu beobachten. Wer hat denn die Grenze gezogen, wo das menschliche Dasein endet und das der Tiere anfängt? Dabei geht es noch nicht einmal um die Grenzen selber, sondern darum, dass Sie selbst Ihre eigenen Regeln festlegen und nicht Regeln von anderen befolgen sollten. Sie sind ein Mensch, und daher haben Sie auch ein Recht auf Ihre eigenen Kriterien für Menschlichkeit und Anstand.

Ich hoffe, Sie verstehen, dass ich das alles für diejenigen schreibe, die Probleme mit dem Sex haben, insbesondere für Leute, die einander lieben. Um die Probleme loszuwerden, müssen sie einfach nur den Zeiger loslassen - genauso bewusst, wie sie sonst die Regel des Pendels beachtet haben.

Es gibt eine Kategorie von Menschen, die mit dem Sex keine Probleme haben. In der Tat, viele Probleme lösen sich in Wohlgefallen auf, wenn man die Dinge beim Namen nennt, nicht die genannten Begriffe vermischt, sich darüber im Klaren ist, was man gern hat, und dies vor allem ehrlich seinem Partner mitteilt. Solche Offenheit wird das Leben sofort leichter machen. Sie können überzeugt sein, dass Ihr Partner auch mehr als genug verborgene Wünsche hat. Dabei können Situationen entstehen, wo der eine etwas will, was der andere nicht akzeptabel findet. Was ist in solchen Fällen zu tun?

Zunächst einmal sollte man sich immer an das erste Prinzip des Freilings erinnern: *Entsagen Sie der Absicht zu bekommen, und ersetzen Sie diese mit der Absicht zu geben; dann werden Sie das bekommen, was Sie aufgegeben haben.* Dieses herrliche Prinzip funktioniert einwandfrei, wobei Sie noch nicht einmal immer verstehen werden, wie.

Außerdem sollten Sie sich völlig von der Regel des Pendels lossagen und diese mit der Regel des Transsurfings ersetzen. Diese Regel lautet: *Gestatten Sie sich, Sie selbst zu sein, und gestatten Sie Ihrem Partner das Gleiche.*

Damit eine sexuelle Beziehung befriedigend verläuft, muss man sich frei und ungezwungen fühlen. Niemand kann sich frei fühlen, solange er oder sie Überschusspotenziale in Form von Komplexen hat, wie zum Beispiel das Gefühl der Unvollkommenheit. Wie sehr man sich auch bemüht, solche Komplexe abzubauen, die Nivellierungskräfte werden es nicht zulassen.

Die meisten Spannungen beruhen aber nicht auf Überschusspotenzialen, sondern auf Abhängigkeitsverhältnissen. Die innere Absicht der Menschen ist in erster Linie darauf gerichtet, etwas zu bekommen, nicht darauf, etwas zu geben. Dazu projiziert man auf seinen Partner gewöhnlich die entsprechenden Rollenerwartungen. Man möchte dem anderen nicht gestatten, er oder sie selbst zu sein.

Wie Sie wissen, bewirken Abhängigkeitsverhältnisse eine Polarisierung, die den Wind der Nivellierungskräfte herbeiruft, die dann letztlich alles kaputt machen. Die Regel des Transsurfings setzt die durch das Abhängigkeitsverhältnis erschaffene Polarisierung augenblicklich außer Kraft. Wer daher vergeblich seine Komplexe abzuschütteln versucht, der kann einfach die Regel des Transsurfings befolgen, und die Gespanntheit wird sich sofort merklich lockern.

Sich zu gestatten, man selbst zu sein, bedeutet, sich mit seiner ganzen Unvollkommenheit zu akzeptieren - so, wie man ist. Dem Partner zu ermöglichen, er oder sie selbst zu sein, bedeutet, ihm die Projizierung der eigenen Erwartungen zu ersparen. Alsdann wird sich eine Situation, in der einer der beiden etwas will, was dem anderen inakzeptabel erscheint, wie von selbst lösen.

Ich wiederhole: *Alles, was man tun muss, um sich der Regel des Pendels zu entziehen, ist, sie mit der Regel des Transsurfings zu ersetzen und seine Absicht gemäß dem ersten Prinzips des Freilings auszurichten.* Wenn Sie das zu zweit tun, werden Sie keine Probleme mehr haben. Ausführliche Überlegungen zum Thema, warum das so funktioniert, wollen wir den Psychologen überlassen. Es funktioniert, und damit hat sich's.

Doch was haben die Pendel eigentlich von dieser Regel? Im Falle der Flash-Pendel ist es klar - sie ernähren sich von der Resonanzenergie, und daher brauchen sie eine Synchronisierung der Handlungen. Doch wie steht es mit all den übrigen Pendeln, die nicht davon abhängig sind, dass ihre Anhänger in der gleichen Weise handeln?

Vor allem setzt die Regel des Pendels Verhaltens- und Denknormen fest, das heißt Standards für "Normalität". Der Mensch versteht nicht, dass ihm ein Ersatz für echten Erfolg vorgeschlagen wird. Der Erfolg eines anderen kann zum Beispiel nicht als Muster zur Nachahmung dienen. Echten Erfolg erreicht nur jemand, der es sich erlaubt, die Regel zu übertreten und seinen eigenen Weg zu gehen.

Wer in fremde Fußstapfen tritt, kann denjenigen nicht überholen. Erfolgsmuster sind Trugbilder, aber der Mensch weiß nicht - oder will es nicht wissen -, dass die Regel des Pendels ihn in einem Spinnennetz der Illusionen gefangen hält. Illusionen sind oft lieblicher, bequemer und klarer als die unbekannte Realität.

Wenn jemand mit der Tatsache konfrontiert wird, dass er die etablierten Normen nicht erfüllt, erfährt er seelisches Unbehagen. Er hat

Angst vor einer Niederlage, spürt seine Unvollkommenheit und empfindet Einsamkeit in einer feindlichen Welt.

Was kann er tun? Eine Möglichkeit wäre die Absonderung. Er kann sich angesichts der unerreichbaren Etalons mit einer Wand der Nichtakzeptanz umgeben. Oder er kann weiter dem Etalon hinterherrennen. Der Regel des Pendels folgend, versucht er, sich zu ändern, und treibt seine Seele ins Futteral der Bedingtheit. Das bringt nichts außer Unzufriedenheit, als deren Folge er sich wieder ändern muss.

Wenn er sich auf die Verfolgung des Etalons einlässt, strahlt er eine Energie der Unzufriedenheit und Enttäuschung aus. Anders kann es gar nicht sein - wie der Esel mit der Mohrrübe. Von dieser Energie ernähren sich dann genau jene destruktiven Pendel, die die Etalons des Erfolgs eines anderen anbieten.

Die Wand der Absonderung erfordert allerdings ebenfalls einen nicht unerheblichen Energieaufwand. Es ist gar nicht leicht, um sich herum einen Schutzschild aufrechtzuerhalten, wenn einem auf Schritt und Tritt Regeln eingeflößt werden, die man nicht zu befolgen vermag.

Aus diesem Labyrinth gibt es aber dennoch einen Ausweg. Er besteht darin, *sich von der Regel des Pendels loszusagen und seinen eigenen Weg zu gehen.* Wer dies tut, wird ein seltsames Phänomen entdecken, dessen Erleben ihn geradezu beflügeln wird: *die innere Freiheit.* Wir wollen uns als Beispiel den Brief einer Leserin ansehen, die dieser Freiheit sehr nahegekommen ist.

"Ich bin an die dreißig und hatte noch nie einen Freund. Sexualpathologen halten das für eine schwer wiegende Abnormität. Ich verstehe das aber nicht. Ich glaubte immer, es stehe nirgends geschrieben, dass man bis 25 mit irgendjemandem geschlafen haben müsse und dass Jungfräulichkeit in diesem Alter einer moralischen Todesstrafe gleichkomme. Ich bin attraktiv und hätte viele Möglichkeiten gehabt, mit jemandem intim zu werden. Aber ich wollte das nicht. Das hat aber keine physischen Gründe - ich habe einfach noch keinen Mann getroffen, mit dem ich mich ins Bett legen wollte. In letzter Zeit nun ertappe ich mich immer öfters dabei, dass ich mich unter Druck gesetzt fühle; denn alle geben sich der körperlichen Liebe hin, nur ich nicht. So sieht es die Regel vor, aber ich befolge sie nicht. Ich habe mich nie um gesellschaftliche Stereotype gekümmert, aber anscheinend machen sie mir genau in diesem Punkt nun doch zu schaffen. Obwohl meine Einsamkeit mein Selbstwertgefühl nicht mindert, will ich ganz bewusst keine intime Beziehung eingehen, ohne eine besondere Anziehung zu verspüren. Ist mein Fall trotzdem eine Abnormität, etwas Krankhaftes?"

Ich habe gesagt "sehr nahegekommen", und zwar deshalb, weil die Leserin immer noch von der Angst geplagt wird, "nicht wie alle anderen" zu sein. Trotzdem verfügt sie über innere Kraft und Unabhängigkeit, und das ist nicht wenig. Sie sollte sich nur nicht davor fürchten, "nicht so zu sein wie die anderen", sondern sich darüber freuen. Aber natürlich ist Übertreibung auch nicht gut. Vielleicht sollte sie die Latte ihrer Forderungen herabsetzen und etwas einfacher sein.

Nach den Informationen zu urteilen, die von allen Seiten auf uns einstürzen, könnte man meinen, alles, womit die Leute sich beschäftigen, sei Sex. Das ist eine Illusion. Bei Weitem nicht alle sind in dieser Hinsicht stets aktiv, und viele haben überhaupt keinen Partner. Doch die Angst vor der Einsamkeit und die Angst, nicht so zu sein wie die anderen, treibt uns dazu, an diese Illusion zu glauben.

Nehmen wir zum Beispiel mal Paris mit seinem Geist der Freiheit und Ungezwungenheit. Paris hat sich den Ruf der "Stadt der einsamen Herzen" erarbeitet. Tag für Tag laufen die Leute am frühen Morgen auf die Straße und schwärmen in die zahlreichen Cafés aus. Warum tun sie das? - Kaffee trinken kann man schließlich auch zu Hause. Weil sie die Einsamkeit aus ihren Häusern treibt.

Man könnte nun meinen, die Pendel würden die Menschen vorsätzlich ihrer Regel unterwerfen. Tatsächlich, das tun sie auch, aber die Pendel stellen diese Regel nicht auf. *Sie existieren erst aufgrund der Regel!* Die Regel erzeugt das Pendel. Und dann beginnt das Pendel mit seinem schmutzigen Job. Die Hauptarbeit der destruktiven Pendel besteht darin, die Menschen weit von dem Weg fortzuführen, wo sie echtes Glück finden könnten.

Stellen Sie sich eine überlaufene Straße vor, wo jeder seinen eigenen Angelegenheiten nachgeht. Plötzlich tauchen Leute in schwarzer Uniform auf, treiben alle in eine Reihe und zwingen sie zu marschieren. Jemand versucht auszubrechen, wird aber grob zurückgepfiffen: "Stehen bleiben! Kein Ausbüchsen hier! Zurück ins Glied!"

Ein Film wie *Matrix* ist nicht zufällig entstanden. Seine Fantastik neigt dazu, im Laufe der Zeit Realität zu werden. Und diese Tendenz ist steigend. Wenn Sie genau hinsehen, werden Sie bemerken, dass der Unterschied zwischen Fantastik und Realität immer mehr verschwimmt. Natürlich liegen die Menschen nicht in Behältern mit an den Körper angeschlossenen Schläuchen, aber in der Essenz kommt diese Analogie der Wahrheit doch recht nahe.

Die meisten glauben, dass die oben genannte Reihe eine unumgängliche Realität sei. In Wahrheit jedoch ist die Notwendigkeit, in Reih und Glied zu marschieren, eine Illusion. Echte Realität besteht darin, "aus der Reihe zu tanzen" und seinen eigenen Weg zu gehen. Doch das zu erkennen ist gar nicht so einfach. Der Mensch hat sich so sehr daran gewöhnt, mit seinen Illusionen zu leben, dass er gut durchgeschüttelt werden oder, mit den Worten von Carlos Castaneda, "seinen Montagepunkt verschieben" muss, damit er versteht, wo Realität und wo Illusion ist.

Invaliden zum Beispiel befinden sich in der Lage von Menschen, die keine Wahl haben. Sie sind gezwungen, ein Leben lang zu leiden und von ihrer Behinderung gequält zu werden, oder aber sie können die Regel des Pendels missachten. Wer versteht, dass er nichts zu verlieren hat, gibt es auf, einem Etalon hinterherzulaufen, und beginnt, zu seinem Vergnügen zu leben.

Invaliden, die in ihrem Rollstuhl Basketball spielen, sind unendlich viel glücklicher als gesunde Jugendliche, die versuchen, Michael Jordan nachzuahmen. Letztere sehen weniger natürlich aus als die Invaliden, weil sie in der Reihe marschieren. Und keiner von ihnen wird ein neuer Michael Jordan werden, es sei denn, er verlässt die Reihe.

Diejenigen, die die Regel des Pendels missachten, werden entweder Anführer oder Außenseiter. Der eine wird ein Star, der andere ein Paria. Der Unterschied zwischen diesen beiden Gruppen besteht darin, dass Erstere überzeugt sind, mit vollem Recht die Regel des Pendels zu missachten, während Letztere daran zweifeln.

Stars steigen von selbst am Himmel auf, aber zum Leuchten gebracht werden sie von ihren Pendeln. Wer aus der Reihe tanzt, erschafft einen neuen Etalon des Erfolgs. Die Pendel ertragen keine Individualität; sie sehen einen aufgehenden Star, und ihnen bleibt nichts anderes übrig, als ihn zu ihrem Günstling zu machen. Dann wird eine neue Regel aufgestellt, die Reihe macht kehrt und beginnt, dem neuen Star hinterherzumarschieren.

Um aber "aus der Reihe tanzen" zu können, muss man wissen, wie das geht. Wenn Sie sich auf einen Kampf mit den Leuten in schwarzer Uniform einlassen, haben Sie schon verloren. Im Kampf mit den Pendeln werden Sie immer den Kürzeren ziehen.

Das Geheimnis liegt darin, ohne Kampf aus der Reihe zu tanzen. Sie müssen einfach heraustreten und mit einem gelassenen Lächeln den Leuten in Uniform zum Abschied zuwinken. Diese werden krampfhaft bemüht sein, sie zurückzupfeifen, können aber nichts tun, wenn Sie dem Kampf mit ihnen abgeschworen haben.

Um aber diese einfache Wahrheit zu verstehen, muss man seine Weltanschauung gründlich revidieren. In unserer Welt steht vieles auf dem Kopf. Transsurfing bringt in diesem Sinne alles wieder ins rechte Lot und hilft Ihnen, sich von der Regel des Pendels loszusagen.

Natürlich wird vielen allein schon die Vorstellung nicht schmecken, sie seien in einer Matrix gefangen. In der Tat - wer es vorzieht, nicht aufzuwachen, braucht Transsurfing nicht. Wir bekommen, was wir wählen. Die Illusion ist auch eine Wahl, und jeder, dem die Illusion zusagt, hat das Recht, diese Wahl zu treffen.

Ich will niemandem etwas aufdrängen und beabsichtige nicht, meine Ideen zu beweisen. Sie können alles anhand eigener Erfahrung prüfen. Ich sage nur im Vorbeigehen:

"Hallo, hören Sie mal, es gibt den Weg des Transsurfings."
"Na und?!"
"Ich für meinen Teil gehe diesen Weg. Tun Sie, was Sie wollen."

Das ist alles.

Die Stabilisierung der Struktur

Gemäß seinem eigenen Gesetz tut das Pendel alles für die Steigerung der Energie eines aufkommenden Konflikts. Die Auseinandersetzungen, bei denen die Pendel Energie schöpfen, werden ununterbrochen geführt. Aber diese Kämpfe entstehen in der Regel zwischen zwei oder mehreren widerstreitenden Strukturen. Dafür gibt es viele Beispiele: Kriege, Revolutionen, Wettbewerb oder jede beliebige Art von Antagonismus.

Doch die Pendel nähren nicht nur Konflikte, sondern stärken auch gleichzeitig die befeindeten Strukturen, denen sie im Grunde ihre Existenz verdanken.

Es entsteht ein energoinformatives Wesen, bei dessen Erscheinen sich gleichzeitig eine geregelte Struktur bildet, geschaffen von Vertretern der lebenden Natur. Die Existenz des Pendels hängt von der Stabilität dieser Struktur ab. *Deshalb wird es alles für die Stabilisierung der Struktur tun.* Das ist das zweite Gesetz des Pendels.

Wir wollen dies an einem eindrücklichen Beispiel betrachten: dem Fischschwarm. Der Schwarm verhält sich wie ein Einzelorganismus. Scheucht man ihn vom Ufer auf, drehen sich alle Fische synchron um und schwimmen fort. Woher kommt diese Synchronizität?

Wenn wir davon ausgehen, dass die Fische auf die Bewegung ihres jeweiligen Nachbarn reagieren, dann sollte man erwarten, dass sie in

Form einer Kettenreaktion davonschwimmen, einer nach dem anderen. Doch wie schnell das Signal auch weitergegeben wird, ein gewisser Verzug müsste zu beobachten sein. Die Sache ist aber die, dass es keinen Verzug gibt. Auch wenn der Schwarm ziemlich groß ist, ändert sich an der Synchronizität nichts.

Ähnlich verhalten sich Vögel. Wenn Sie mal einen großen Schwarm aus kleinen, flinken Vögeln betrachten, werden Sie bemerken, dass sich ihre Richtungsänderungen durch eine merkwürdige Organisation auszeichnen.

Ist hier etwa ein anderer Mechanismus am Wirken, zum Beispiel telepathischer Kontakt? Eher unwahrscheinlich. Erschreckt man in einem Teich, wo es keinen Fischschwarm gibt, einen einzelnen Fisch, dann wird sich ein Fisch, der in einem Meter Entfernung schwimmt, ganz ruhig verhalten. Anscheinend ist also kein telepathischer Kontakt im Spiel. Das Signal wird nur innerhalb eines Schwarms übertragen, der in seinem Wesen eine Elementarstruktur darstellt. Wird eventuell gar kein Signal übertragen?

Nehmen wir ein anderes Beispiel mit einer höher entwickelten Struktur: den Ameisenhaufen. Die Wissenschaft kann nicht auf nachvollziehbare Weise erklären, wie sich die Kolonie zurechtfindet. Das hervorstechende Merkmal eines Ameisenhaufens ist die klare Aufteilung der Pflichten – und das, obwohl es keine Hierarchie gibt. Warum handeln diese Insekten auf so wohl organisierte Weise, als wären sie zentral gesteuert?

Ameisen kommunizieren miteinander durch die Absonderung von Duftstoffen, den so genannten Pheromonen. Mithilfe von Geruchspfaden finden sie den Weg zum heimischen Haufen und zu Futterstellen. Doch wie wird die Information gleichzeitig allen Mitgliedern der Kolonie übermittelt? Von irgendwelchen höheren Formen des Informationsaustauschs unter den Ameisen kann keine Rede sein. Warum sonst würden sie sich dann eines so primitiven Kommunikationsmittels wie des Geruchs bedienen?

Was vereinigt also die einzelnen Mitglieder einer organisierten Kolonie? *Ein Pendel.* Mit der Bildung und Entwicklung der Struktur entsteht gleichzeitig ein energoinformatives Wesen, das die Funktionen der Steuerung und Stabilisierung dieser Struktur übernimmt. Zwischen dem Pendel und den einzelnen Elementen der Struktur besteht eine direkte Rückkopplung. Das Pendel existiert auf Kosten der Energie seiner Anhänger und synchronisiert ihre Tätigkeiten, indem es sie zu einer organisierten Gesellschaft vereint.

Auf den ersten Blick könnte man den Eindruck gewinnen, die Struktur wäre auf irgendeine Weise selbstorganisierend, doch dem ist nicht so. Von Selbstorganisation kann nur in der leblosen Natur die Rede sein, wo die Gesetze der Physik die Rolle des steuernden Elements übernehmen. Zum Beispiel erstellen Flüssigkeitsmoleküle im Laufe der Kristallisierung ein Gitter, dessen Aufbau sich durch die Form der Moleküle und das Wechselspiel der Kräfte erklären lässt.

Für das Zusammenführen lebender Organismen zu einer Struktur ist das Vorhandensein eines externen organisierenden Faktors erforderlich. Diese Rolle übernimmt das Pendel. Wie es das tut, ist nicht bekannt; aber allem Anschein nach besteht zwischen diesem Wesen und den lebenden Organismen ein energoinformativer Austausch.

Das Pendel fungiert bei einer beliebigen, aus lebenden Organismen bestehenden Struktur wie ein leitender Überbau. Man kann aber nicht sagen, dass es die Struktur vernünftig leitet, da es nicht über eine bewusste Absicht verfügt. Das Bewusstsein eines energoinformativen Wesens gleicht einem Algorithmus. Das Pendel verfolgt keinen vorsätzlichen Plan, wie es ein vernunftbegabtes Wesen tut, sondern steuert die Struktur etwa so wie ein Programm die Funktion eines automatischen Geräts.

Wie "automatisch" die Elemente einer Struktur handeln, hängt von der Stufe ihres Bewusstseins ab. Je primitiver der lebendige Organismus, desto weniger sind ihm seine Motive und Handlungen bewusst. Lebt ein Wesen nicht in einer Gruppe, sondern für sich allein, dann werden seine Handlungen durch ein inneres Programm gesteuert - den so genannten Instinkt. In einer Gruppe jedoch wird ein externes Programm benötigt: das Pendel, das das Verhalten der Individuen der Gesellschaft lenkt.

Die Aggressivität unserer Welt, in der einer den anderen frisst, hat sich aufgrund des ersten Gesetzes des Pendels entwickelt. Als Schöpfung der Pendel ist Aggression durchaus keine notwendige Eigenschaft der belebten Natur; dafür finden sich in abgelegenen Regionen unseres Planeten Bestätigungen. So gibt es beispielsweise in Neuseeland keine Raubtiere.

Sehr viele Bewohner unseres Planeten müssen sich zu Gruppen zusammenschließen, um in einer gefährlichen Umgebung überleben zu können. Die Pendel zwingen die Lebewesen, Elemente der Struktur zu werden, nach dem Prinzip: "Na, junges Küken, du willst leben? Dann mach's wie ich."

Menschen sind außerdem geneigt, sich zu Interessengruppen zusammenzuschließen. Das liegt daran, dass in solchen Gruppen der soziale Umgang leichter ist. Es mag seltsam klingen, aber viele Leute haben beachtliche Schwierigkeiten im Umgang miteinander. Trotz der scheinbaren Ungezwungenheit in zwischenmenschlichen Beziehungen sind diese aus verschiedensten inneren wie auch äußeren Gründen sehr verkrampft. Um einen engeren Kontakt herzustellen, sind viele instinktiv bestrebt, eine verbindende Gemeinsamkeit zu finden. Dabei kommt ihnen die stabilisierende Wirkung der Pendel sehr gelegen. Wenn die Gesprächspartner im Rhythmus ein und desselben Pendels schwingen, schwimmen sie gleichsam auf einer Welle und finden mühelos eine gemeinsame Sprache. Wenn man dann in trautem Kreise zusammen raucht, trinkt, speist, wandert oder spielt, ergibt sich problemlos eine gewisse Ungezwungenheit.

Aber die eindrucksvollste Illustration des zweiten Gesetzes des Pendels ist die Entstehung der Zivilisation. Haben Sie schon mal darüber nachgedacht, wie Städte zustande gekommen sind? Warum lebten die Menschen für Hunderttausende von Jahren in Dörfern und Nomadensiedlungen, um dann auf einmal große, zivilisierte Siedlungen zu bauen? Was führte zu dieser Entwicklung? Das Handwerk, der Handel oder vielleicht Kriege?

Die ältesten Städte existierten zeitgleich mit den Pyramiden. Eine von ihnen - Karal - wurde erst vor Kurzem in Peru entdeckt. Diese untergegangene Stadt wurde fast fünftausend Jahre lang nicht bemerkt. Man fand sie, als herauskam, dass einige Hügel mitten in der Wüste einst Pyramiden waren, die den ägyptischen an Größe in nichts nachstanden. Die Archäologen waren erstaunt angesichts der

Tatsache, dass sie bei den Ausgrabungen weder Tonscherben noch Waffen fanden. Die Menschen benutzten primitive Werkzeuge aus Stein, Knochen und Holz.

Man fand heraus, dass die Städter Baumwolle anbauten, Fischernetze knüpften und diese bei Küstenbewohnern gegen Fisch eintauschten. Doch das gleiche Gewerbe konnten auch Dorfbewohner mit Erfolg betreiben. Befestigungen um Karal gab es nicht, sodass auch eine militärische Vorgeschichte wegfällt. Was war der Grund für die Erbauung dieser Stadt?

Seit uralten Zeiten lebten die Menschen in Dörfern, beschäftigten sich mit primitiven Formen des Handwerks, trieben Handel und trugen Fehden aus. Für all diese Zwecke brauchten sie keine Stadt aus Stein oder Pyramiden zu errichten. Offenbar dienten die Pendel ihnen als organisierender Faktor oder, genauer gesagt, in einer stabilisierenden Funktion.

Es lässt sich nicht mit Gewissheit bestimmen, wie so etwas geschieht. Aller Wahrscheinlichkeit nach bildet sich eine solche Pendelstruktur, mit der Möglichkeit zu weiterer Entwicklung, zu einem bestimmten Zeitpunkt ganz spontan. Eigentlich ist eine Stadt ja ein kompliziertes hierarchisches Gebilde von Pendeln – Pendeln der Produktion, des Konsums und der Kommunikation. Und wenn sich nach ihrem Bau das selbstorganisierende System von Anfang an als stabil erweist, wächst sie. Die Entwicklung der Struktur kann zu einer komplexen Zivilisation führen. Und solange kein architektonischer Fehler das Riesengebilde zum Einsturz bringt, wird sich dieser Prozess fortsetzen. So etwas kann natürlich noch lange dauern. Allerdings, man weiß ja nie ...

Aber nun zurück zu unserem Leben. Verglichen mit den übrigen Vertretern der belebten Natur, ist der Mensch wacher. Legt er sich aber immer Rechenschaft ab über sein Handeln? Der menschliche Verstand kann hochkomplexe Maschinen konstruieren, Städte erbauen und seine Umwelt erforschen. Dennoch ist der Mensch, was seine Bewusstheit betrifft, der Fauna nicht allzu weit voraus.

Die gesamte menschliche Gesellschaft ist eine komplexe Struktur, die aus einzelnen Gliedern besteht: angefangen von der Familie bis hin zu großen Firmen und Staaten. Wie in freier Natur ist der Mensch, wenn er separat lebt, in erster Linie für seine eigenen Handlungen verantwortlich. Erleuchtung erlangten bekanntlich jene, die sich von der Gesellschaft fernhielten. Wird der Mensch aber zum Strukturelement, schläft er meist mit offenen Augen, was übrigens seinen Verstand nicht daran hindert, sich mit der Herstellung hochtechnologischer Produkte zu beschäftigen.

Ein moderner Betrieb ist um vieles komplexer als ein Ameisenhaufen. Doch eigentlich werden in beiden Fällen die Strukturen von Pendeln betreut. Und alle Errungenschaften auf dem Gebiet des wissenschaftlichen und technischen Fortschritts sind auf die Struktur zurückzuführen und nicht auf individuelle Leistungen. Der Fernseher mag die Erfindung eines Menschen sein, doch das Fernsehen ist das Erzeugnis eines ganzen Systems, das wiederum von einem Pendel geleitet wird.

Wird der Mensch zum Strukturelement, so muss er die Regel des Pendels befolgen. Infolgedessen kommt es zu einem unvermeidlichen Konflikt zwischen seinen persönlichen Interessen und den ihm von der Struktur auferlegten Bedingungen. Am schlimmsten wird es dann, wenn der Mensch sich dieser Tatsache nicht bewusst ist und im Schweiße seines Angesichts dem System dient, ohne auch nur dazu zu kommen, sich über seine Handlungsweise klar zu werden.

Jemand mag nun einwenden: "Ach was, blanker Unsinn! Was soll das heißen, dass ich mir meiner Handlungen nicht bewusst bin? Im Gegenteil, ich bin mir sehr wohl im Klaren darüber, was ich tue, für wen ich es tue und warum." Nun, wie dem auch sei ...

Als deutliches Beispiel mag uns ein Ferienlager für Kinder dienen. Von allen Schulpflichten befreit, ist die widerspenstige Psyche der Jugendlichen nicht gerade ein fruchtbarer Boden für den Expansionsdrang der Pendel. Aufgrund ihres aggressiven Wesens schaffen die Pendel deshalb eine Atmosphäre, in der der Konkurrenzgeist blüht. Wer in einer solchen Umgebung anders ist als die Masse und somit nicht den Parametern der sich bildenden Struktur entspricht, wird schnell zur Zielscheibe des Spotts gemacht, ausgegrenzt oder einfach verprügelt.

Unter solchen Bedingungen verfällt der Jugendliche, obwohl wach, in einen abgrundtiefen Traum. Er lebt dahin wie im Schlaf und ist sich seiner Handlungen kaum bewusst, egal, ob er diese nun als Teil der Masse ausführt oder im Kontrast zu ihr. Als Schlafmittel dienen hierbei die lästige Empfindung allgegenwärtiger Rivalität sowie das Gefühl der eigenen Unvollkommenheit und der Abweichung von der "Norm". Diese ständige Bedrücktheit und Besorgnis lässt keine Minute nach, auch wenn der oder die Jugendliche gelassen und munter wirkt.

Eine ebensolche Bedrückung, die bereits an Hoffnungslosigkeit grenzt, erfährt der Mensch im unbewussten Traum, wenn er sich vollständig in der Macht des Geschehens befindet. Das Leben in einer aggressiven Umgebung läuft ab wie in einem Film oder wie im Traum. Der reißende Strom der Umstände trägt den Betreffenden hilflos hinfort, und seine Bewusstheit wird darauf reduziert, dass er sich über Wasser hält und erschrocken umherblickt.

Wenn der Jugendliche keine starke innere Überzeugung hat, beginnt er instinktiv - sprich unbewusst - nach einem Halt zu suchen, um seine Lage zu festigen. Diesen Halt gibt ihm das Pendel, aber nicht umsonst, sondern zum Preis der Unterordnung unter die Regeln der Struktur.

In einem dem Ferienlager ähnlichen Umfeld sieht man manchmal eine besonders ausgelassene Person, die scheinbar zu hundert Prozent von sich selbst überzeugt ist und sich gebärdet wie ein Fisch im Wasser. Ihre blasierte Überzeugung beruht einzig und allein auf dem vom Pendel gewährten Halt.

Stellen Sie sich nun zwei solche Jugendlichen vor, der eine cool, der andere ausgeflippt: "He, schau mich an! Mach's wie ich!" - "Hau rein, Alter! Lass die Sau raus!"

Keiner ringsumher versteht, dass die beiden wie Marionetten an den Fäden des Pendels baumeln. Das Pendel erschafft eine - wenn auch vorübergehende - Illusion, die einen Halt bietet. Die anderen, die die Überzeugung der Marionetten erleben, folgen ihrem Beispiel. Am Ende baumeln sie alle, einer wie der andere, an den Fäden des

Pendels, die Coolen wie die Ausgeflippten. So entwickelt sich eine Struktur.

Die Sache ist die, dass die Anhänger des Pendels sich dessen Regel völlig unbewusst unterwerfen. Sie unterliegen der totalen Illusion, das sei notwendig. Solange sie die Regel befolgen, können sie anstellen, was sie wollen, tun aber letztlich genau dasselbe. Eine Sprache zum Beispiel, in der es von Flüchen und Ausdrücken unter der Gürtellinie nur so wimmelt, ist heutzutage gar nicht böse gemeint, sondern ganz normal. Niemandem kommt es in den Sinn, dass das eigentlich vulgär ist. Und Vulgarität zeugt nun mal von schlechtem Geschmack und Niveaulosigkeit. Es ist ungefähr so, als würde man sich nicht waschen und in schmutzigen Klamotten herumlaufen. Das tun die Betreffenden zwar nicht, aber sie werden es auf jeden Fall tun, sobald eine entsprechende Regel auftaucht.

Am Hof des französischen Königs Ludwig XIV. war es zum Beispiel nicht üblich, sich zu waschen, weil der König selbst, der an einer pathologischen Abneigung gegen Hygiene litt, bloß seine Hände wusch, und zwar mit Kognak. Die Höflinge waren gezwungen, seinem Beispiel zu folgen, und um den von ihrem Körper ausgehenden unangenehmen Geruch zu kaschieren, begossen sie sich reichlich mit Spirituosen, weswegen der ganze Palast von einem üblen Gestank durchdrungen war. Da sie zudem alle von Läusen befallen waren, hatten sie eine weitere "aristokratische" Angewohnheit: Damen wie Herren hatten stets Stäbchen dabei, mit denen sie sich auf "vornehme" Weise kratzten.

Offenbar ist die Regel in der Lage, den absoluten Wahnsinn zu etablieren. Die Hauptsache aber ist, dass diejenigen, die die Regel befolgen, durch die Bank identisch handeln, wie eine Hammelherde. So kann sich zum Beispiel der Erste, der das Wort "cool" benutzte, als eine Art Hirte betrachten. Alle anderen aber, die ihm wie Papageien dieses oder ähnliche Wörter im Chor nachgeplappert haben, verhalten sich wie die Hammelherde.

Und jetzt erinnern Sie sich bitte an den Fischschwarm. Wie weit fortgeschritten ist also tatsächlich der Mensch in Bezug auf seine Bewusstheit?

Dem Einfluss der Pendel sind nicht nur Jugendliche unterworfen, sondern auch Erwachsene, besonders als Teile einer Menge. In einer Versammlung zum Beispiel, bei der über eine Person oder ein bestimmtes Thema gesprochen wird, steht plötzlich jemand auf und beginnt, ohne es von sich selbst zu erwarten, zu reden wie ein Wasserfall. Zuerst wird er es nicht fassen können, was ihn dazu trieb, doch dann wird er sich einreden, dass alles, was er gesagt hat, richtig war. Die Menge bringt ihre Mitglieder dazu, sich auf bestimmte und oft für sie untypische Weise zu verhalten. So beeinflusst das Pendel diejenigen, die nach einem Halt suchen.

Immerhin kann man so einen Halt in der Struktur finden. Gut, das ist auch eine Lösung. Nur kann jemand, der sich den Regeln der Struktur anpasst, seine Individualität nun einmal vergessen. Man wird "wie alle" und bekommt dafür Ruhe und Sicherheit. Dabei wird man jedoch seine göttliche Gabe - die Einzigartigkeit der Seele - verlieren. Und die Seele ist immerhin der Schatz, dem wir alle genialen Dinge in dieser Welt verdanken.

Von einer Einheit von Seele und Verstand kann dabei natürlich gar keine Rede sein. Wer voll und ganz in der Macht der Struktur gefangen ist, hat eigentlich kein Bewusstsein und kann die Stimme der Seele nicht hören. Das bedeutet, dass er niemals seinen eigenen Weg geht, sondern sein Leben lang damit verbringt, zum Wohl der Struktur den Buckel krumm zu machen.

Damit will ich aber nicht behaupten, der Weg des Menschen verlaufe außerhalb jeglicher Struktur. Man kann sich ja leicht in die Berge zurückziehen, weitab von der Welt der Pendel. Wenn dort aber das Leben lediglich eine Fortsetzung des Traums ist, ändert sich im Endeffekt gar nichts.

Es geht darum, das Schicksal in die eigene Hand zu nehmen, ohne die Struktur zu verlassen. Könnte es vielleicht möglich sein, im Ferienlager die gewünschte Überzeugung zu finden, ohne sich der Regel des Pendels zu unterwerfen und ohne zu einem Außenseiter zu werden? Kein Problem! Dafür braucht man nur aufzuwachen und das ganze Schauspiel aus den Augen eines Zuschauers zu betrachten, ohne die Bühne zu verlassen. Dann wird man auch sogleich die Günstlinge des Pendels erkennen, seien sie nun "cool" oder "groovy", und deren Anhänger, die die Regel befolgen.

Es bringt nichts, diese Leute zu tadeln, und sie zu verachten ist noch weniger ratsam. Wenn sich jemand als Folge des Begreifens seiner Lage den "Schlafenden" entgegenstemmt, so entsteht ein Abhängigkeitsverhältnis, das zu einer Polarisierung führt, und der "Erwachte" wird unweigerlich ein Paria werden. Es ist sehr wichtig, sich daran zu erinnern, dass es nicht ausreicht, sich von der Regel des Pendels loszusagen - man muss sie mit der Regel des Transsurfings ersetzen: "Gestatte dir, du selbst zu sein, und gestatte den anderen das Gleiche."

Dann kann man in sich selber Halt finden. Ein Verstehen dessen, was um einen herum geschieht, ist bereits die halbe Miete. Allein schon dieses Verstehen gewährt einem den sicheren und ruhenden Glauben an sich selbst, weil dann die Unsicherheit aus Angst vor Ungewissheit verpufft. Solange man mit den Regeln des Spieles nicht vertraut ist, wird die Umwelt einem erschreckend und feindselig erscheinen. Das dann aufkommende Gefühl des Alleinseins und der Bedrücktheit wird einen dazu treiben, einzuschlafen und sich der Regel des Pendels zu unterwerfen.

So, nun sind Sie in der Lage, Ihr Leben in einen bewussten Traum zu verwandeln, was bedeutet, dass Sie Herr der Lage sein werden. Entweder werden Sie Hirte, oder wenigstens hören Sie auf, ein Hammel zu sein.

Wie Sie nun Ihre Lage festigen können, darüber wurde bereits ausführlich in den Grundlagen des Transsurfings gesprochen. Erstens sollten Sie Schuldgefühle vermeiden, wofür Sie aufhören müssen, sich gegenüber Leuten zu rechtfertigen, die sich erdreisten, über Sie zu richten. Zweitens sollten Sie damit aufhören, die eigene Bedeutsamkeit zu verteidigen und zu beweisen. Wenn Sie gleichzeitig noch der Regel des Transsurfings folgen, so sind diese beiden Dinge völlig hinreichend, um Ihren inneren Halt zu finden, das heißt zu beginnen, nach Ihrem eigenen Credo zu leben.

Es ist also nicht ratsam, sich der Struktur stur zu widersetzen und mit allen Mitteln ihrem Einfluss entgehen zu wollen. Ich wiederhole: Es geht nicht darum, sich vom Pendel völlig zu befreien, sondern darum, nicht dessen Marionette zu sein.

Wenn Sie einmal erwacht sind, werden Sie spüren und verstehen, auf welche Weise die Struktur Sie belastet, indem sie versucht, Ihnen ihre Regeln aufzudrängen. Dann können Sie sich entscheiden, ob Sie sich von diesen Regeln lossagen oder sie befolgen wollen. Dabei kommt es vor allem darauf an, dies bewusst zu tun, während die Leute um Sie herum im Traum gefangen sind - das ist die Strategie des Herrn der Lage. Wir wollen hierfür einen typischen Brief anschauen.

"Warum geschieht es manchmal, dass, wenn du deine Arbeit gut machst - sogar besser als nötig - ,kein Dank dafür aufkommt? Du bringst neue Ideen vor, die super ankommen, doch niemand erkennt das an, und am Ende bekommt sogar jemand anders den Dank dafür. Selbst wenn es um eine Gehaltserhöhung geht, werde ich regelmäßig vergessen, als stünde ich gar nicht auf dem Plan; und wenn ein höheres Amt frei wird und eine Beförderung ansteht, bekommt ein anderer die Stelle, oder es gibt plötzlich doch keine Stelle mehr. Es scheint mir fast, als wäre ich unsichtbar. Wie kommt das?"

Allem Anschein nach arbeitet die Leserin, die diese Frage stellte, in einem Verwaltungsapparat. Jede Verwaltung ist letztlich ein Pendel. Zuerst entsteht eine energoinformative Struktur in Form von Ideen und Prinzipien, dann wird die Struktur in die Realität, d. h. das System, umgesetzt. Das System beginnt sich selbstständig zu entwickeln und unterwirft die Angestellten seinen Gesetzen.

Die Pendel besetzen die Schlüsselpositionen nicht mit Anhängern, die sich durch hohe Verdienste auszeichnen, sondern mit denjenigen, die am meisten mit dem System konformgehen. Es ist naiv zu denken, dass auf der Karrieretreppe, besonders in Machthierarchien, Menschen nach ihren Qualitäten und Errungenschaften eingestuft werden. Bis zu einem gewissen Grade mag dies der Fall sein, aber das ist nicht die Hauptsache.

Das Hauptkriterium besteht nicht darin, wie *gut* jemand seine Arbeit macht, sondern darin, wie *korrekt* er sie vom Gesichtspunkt des Systems aus macht. Das Pendel ist vor allem um Stabilität besorgt. Deshalb sollten Sie Ihre Handlungen in erster Linie auf die Aufrechterhaltung der Stabilität des Systems richten. Wenn Sie auf der Karrieretreppe weiter nach oben wollen, sollten Sie den Unterschied zwischen "gut" und "korrekt" verstehen. Dabei hängt alles von der jeweiligen Belegschaft ab. Auch gibt es verschiedenartige Pendel.

In einer kleinen Belegschaft mögen Tatendrang, Selbstständigkeit, Enthusiasmus und Eigeninitiative willkommen sein. Aber wenn es sich um einen Verwaltungsapparat oder ein großes Unternehmen handelt, dann gelten völlig andere Gesetze und auch eine andere Ethik, nämlich die korporative Ethik.

Die korporative Ethik setzt eine striktere Reglementierung sowie mehr Disziplin und Sorgfalt voraus. Eigeninitiative ist oft strafbar, Selbstständigkeit begegnet man eher mit Besorgnis, und Tatendrang spielt keine wichtige Rolle. In einem solchen System kommt es nicht darauf an, "besser" zu handeln, sondern "korrekter".

Folglich sollte man bewusst und flexibel bleiben, indem man bei seinen Handlungen die reale Welt der Pendel stets in Erwägung zieht. Aber das ist alles gar nicht so kompliziert, wie es erscheinen mag. Die Hauptsache ist, beizeiten aufzuwachen.

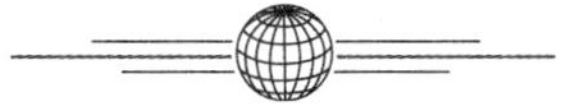

Indigo-Kinder

Eine der markantesten Erscheinungen der neuen Realität ist das Phänomen der "Indigo-Kinder", das in dem gleichnamigen Buch von Lee Carroll und Jan Tober beschrieben wird. Dieser Begriff wurde von der hellsichtigen Frau Nancy Anne Tapp erdacht, die sich mit der Wechselbeziehung zwischen dem Wesen des Menschen und den Farben seiner Aura beschäftigte.

Anfang der siebziger Jahre des zwanzigsten Jahrhunderts stieß Nancy Tapp auf ein ungewöhnliches Phänomen: Es tauchten Kinder eines neuen Typus mit einer früher nicht vorkommenden Aura-Farbe auf: indigo (blauviolett).

Auch charakterlich hoben sich die Indigo-Kinder von der Masse der Menschen ab. Ihre hauptsächlichen Merkmale sind Hyperaktivität und das so genannte Aufmerksamkeitsdefizit. Sie können nicht still sitzen, ohne ein persönliches Interesse an einer bestimmten Beschäftigung zu haben. Nicht alle Kinder mit solchen Merkmalen sind Indigos, und umgekehrt gilt das Gleiche. Sie sind alle verschieden.

Was sie gemein haben, ist ein angeborenes Selbstbewusstsein und ein Streben nach Unabhängigkeit. Indigos sind sich ihres Wertes bewusst, als seien sie davon überzeugt, dass sie es verdient haben, hier zu sein, in diesem Leben.

Diese Kinder erstaunen ihre Eltern mit ihrer Klugheit. Sie haben eine für ihr Alter ungewöhnliche Auffassungsgabe und zeichnen sich durch eine nüchterne Weltsicht aus. Sie sind nicht geneigt, sich allgemein anerkannten Autoritäten zu beugen.

Indigos haben keine konservative Ader. Für sie ist es offensichtlich, dass viele Dinge anders getan werden sollten, während die übrigen Menschen aus Gewohnheit den herkömmlichen Normen und Regeln folgen.

Sie sind nicht gerade fügsame Kinder. Vom Gesichtspunkt der Erziehung aus könnte man sie als spontan bezeichnen. Auf viele von ihnen trifft die Redensart zu "es faustdick hinter den Ohren haben". Ähnliches könnte man zwar über jede neue Generation sagen, doch die Indigos zeichnen sich tatsächlich durch eine besondere Qualität aus.

Jahrtausendelang ging der Generationenwechsel gleichmäßig, ja bedächtig vonstatten. In jüngerer Zeit aber hat sich dieser Prozess deutlich beschleunigt. Jede neue Generation unterscheidet sich von der vorhergehenden immer radikaler. Die Indigos haben bereits selbst Kinder, die ihre Eltern in den indigotypischen Charaktereigenschaften noch überbieten.

Wie ist das zu erklären? Eine revolutionäre Erneuerung des menschlichen Bewusstseins kann nicht ohne besonderen Grund stattfinden. Bekanntlich strebt alles in der Natur und in der Gesellschaft nach einem Gleichgewicht. Die Bewusstseinserneuerung bildet also den Gegenpart zu einem anderen Prozess.

Es ist nicht schwer zu erraten, um welchen Prozess es sich dabei handelt. In den letzten Jahrzehnten hat sich mit der Strukturentwicklung auf dem Gebiet der Information und Telekommunikation ein gewaltiges Netz herangebildet, das die ganze Erde umspannt.

Der wissenschaftlich-technische Fortschritt an sich ist nicht so formidabel wie seine Informationskomponente, die der Keimung und dem Sprießen von Pendeln einen fruchtbaren Boden bietet. Je größer die Gruppe von Anhängern, die durch ihre Gesinnung geeint sind, desto stärker das Pendel und dessen Macht über die Menschen.

Um die Kontrolle über das Bewusstsein einer enormen Anzahl von Menschen zu bekommen, schließen sie sie in Behältern mit Schläuchen ein, wie in dem Film "Matrix". Dazu reicht es völlig aus, ein umfassendes Informationsnetz aufzubauen; dann werden die Menschen von selbst ihren Platz in den Zellen einnehmen.

Und was ist der Mensch in der Informationszelle? Er ist ein so genanntes soziales *Element,* dessen Bewusstsein hauptsächlich von seiner Position in der *Struktur* abhängt, ähnlich wie in besagtem Film.

Die Struktur umhüllt jeden Bürger mit einem festen Netz von stereotypen Denk- und Verhaltensmustern. Er hat den Eindruck, aus freien Stücken zu handeln. Doch eigentlich weiß er gar nicht, was Freiheit ist, weil die "Konfiguration" seines Willens von der Struktur vorgenommen wurde. Er spielt nach einem *ihm zugewiesenen Willen* ein Spiel, das ihm ebenfalls aufgedrängt wurde.

Man sollte meinen, jeder hätte die Freiheit, all das zu tun, was er will. Das ist die Definition von Freiheit. Jeder kann aber nur das *wollen,* was den Interessen der Struktur dient. *Die Struktur lehrt, was man zu wollen hat.*

Diesen Prozess nennt man auch *Versklavung des Willens (oder der Absicht).* Er ist vom Wesen her synergetisch, also selbstorganisierend, da die Pendel über keinen bewussten Willen verfügen. Alles geschieht von selbst, wie bei der Bildung von Eiskristallen im Frost. Das Netzwerk der Pendel gleicht einer Kolonie parasitärer Pflanzen, die die gesamte Biosphäre unseres Planeten umwoben hat.

Ist das nun furchtbar oder komisch? Das ist wohl eine Frage des Geschmacks. Jedem steht es frei, diese Gedanken als Fantasterei abzutun. Zeigt sich die tägliche Realität jedoch einmal von ihrer harten, vielleicht nicht so bekannten Seite, so übertrifft sie selbst die kühnsten Fantasien.

Wir wollen uns nun aber wieder den Kindern zuwenden. Die zunehmende Versklavung des Willens bringt eine Gegenreaktion hervor – das Erscheinen von Kindern mit angeborenem Streben nach Unabhängigkeit. Das ist ein ganz natürlicher Vorgang. Es ist die Antwort der Nivellierungskräfte auf das ungebremste Wuchern des Pendelnetzwerks.

Einerseits versuchen die Pendel, die Welt zu regeln und die Menschen in eine matrixartige Struktur einzubinden. Die Indigos gleichen die Übermacht der Pendel aus, als würden sie eine vorgegebene Mission erfüllen. Das Verhalten der Kinder zielt auf die Zerstörung der "Ordnung" ab. Gepresst in die Rahmen der Stereotype und der Bedingtheit, sind sie bestrebt, in die Freiheit zu entkommen.

Alle Kinder, insbesondere Indigos, reagieren sehr empfindlich auf Überschusspotenziale. Beispielsweise erkennen sie sofort jede Art von Heuchelei. Versucht sich jemand bei ihnen einzuschmeicheln, werden sie frech. Werden sie übermäßig gelobt, so lassen sie ihren Launen freien Lauf.

Jede Ordnung führt zu einer Polarisierung, die die Kinder zerstören wollen. "Ich gehe nicht schlafen! Ich will keinen Brei essen! Ich bin ich!" Diese Neigung zu Ungehorsam und Frechheit ist kein Zeichen eines üblen Charakters, sondern zeigt ihren Wunsch, sich von externer Lenkung zu befreien.

Manchmal hat es den Anschein, als würden die Kinder aus Trotz heraus handeln. Sie tun es aber unbewusst und nicht vorsätzlich. Sie sind nicht berechnend und planen ihr herausforderndes Verhalten nicht. Es ergibt sich auf natürliche Weise, wie von selbst. Ihr Benehmen ist die Antwort der Nivellierungskräfte auf eine Ordnung, in die die Erwachsenen die Kinder hineindrängen.

Das Streben der Indigos nach Unabhängigkeit kommt auch in ihrer Beziehung zur Religion zum Ausdruck. "Die heutigen Kinder haben Mühe, die Kirche zu akzeptieren", schreiben Carroll und Tober. "Indigos kommen in diese Welt mit einer gesteigerten Selbstachtung und mit der unerschütterlichen Überzeugung, Kinder Gottes zu sein." Haben sie also Vermittler für den Kontakt mit Gott nötig? Wohl kaum.

Indigo-Kinder hören eher auf die Stimme des Herzens als auf die des Verstandes. Erwachsene denken, dass sie gut handeln, wenn sie sich korrekt verhalten. Kinder hingegen finden es viel wichtiger, alles mit Liebe zu tun; was als korrekt gilt, ist für sie uninteressant.

Wie wäre es denn, wenn Ihre jetzigen Kinder in einem vergangenen Leben Ihre Eltern waren? Mit anderen Worten: Sie haben jetzt nur die Positionen vertauscht. Diese alten Seelen fahren nun fort, Sie zu unterrichten, indem sie Ihnen viele weise Lehren erteilen.

Der Verstand der Indigo-Kinder ist eine Folge ihrer erhöhten Bewusstheit. Sie machen sich klar, was um sie herum geschieht und wer wer ist. Die Bewusstheit ist erhöht, wenn die Aufmerksamkeit auf das eigene Selbst fokussiert ist - und nicht auf die äußere Welt. Wer hingegen stets durch die ihm von außen aufgedrängten Sorgen absorbiert ist, taucht völlig in das Spiel der Pendel ein, ohne es zu merken. Das Bewusstsein der Indigos ist dem "Schlafbewusstsein" jener Menschen entgegengesetzt, die in den Netzen der Pendel gefangen sind.

Alle Kinder zeichnen sich von Geburt an durch eine strahlende Individualität aus. In früher Kindheit sind sie sehr schön und bezaubernd. Das Geheimnis der Attraktivität der Kinder liegt in der harmonischen Einheit ihrer Seele und ihres Verstandes. Sie akzeptieren sich so, wie sie sind, und daher wird ihre ursprüngliche seelische Schönheit nicht durch die falschen Masken des Verstandes verzerrt.

Warum nun zeigen diese schönen Geschöpfe mit zunehmendem Alter schlechte Merkmale und schwache Seiten? Sie sind doch Kinder Gottes und daher so schön und so mächtig wie Gott, ungeachtet ihrer jugendlichen Hilflosigkeit. Sie verfügen ursprünglich über die Kraft des Schöpfers und sind in der Lage, neue Realität zu erschaffen. Doch die Fähigkeiten der Gotteskinder kommen nicht zur Entfaltung, weil die Pendel ihnen die göttliche Kraft entziehen: die Einheit von Seele und Verstand.

Die Kinder kommen in diese Welt und betrachten sie vertrauensvoll mit weit geöffneten Augen. Das Leben präsentiert sich ihnen viel versprechend und hoffnungsvoll. Doch die Welt wird von Pendeln regiert, die nach dem Prinzip handeln: "Teile und herrsche."

Die Pendel vereinen die Gedanken und Bestrebungen der Menschen, wobei sie die Ganzheit der Persönlichkeit zerstören. *Die Spaltung und Entfremdung des Verstandes von der Seele führt zum Verlust göttlicher Schönheit und Kraft.*

Im Laufe der Zeit setzt ein Zerschlagen kleiner und großer Hoffnungen ein. Bei einigen findet dieser Prozess langsam und schmerzlos statt, bei anderen, die weniger Glück haben, schnell und heftig. Blickt man in die Augen eines Kindes aus einem Kinderheim, so kann man dort zwei anscheinend unvereinbare Dinge sehen: Hoffnung und Verzweiflung.

Die Welt der Pendel weist Kinder ständig auf ihre Verwundbarkeit und Unvollkommenheit hin. Zu Beginn kommt dann im Bewusstsein der Kinder Misstrauen auf, das sich später zu Angst wandelt. Diese Angst gräbt sich so tief ein, dass sie zur Gewohnheit wird. Aber das Kind kann nicht einfach vor Schreck fortlaufen – es muss in dieser aggressiven Umwelt irgendwie überleben. Unter dem mächtigen Einfluss der Struktur sind die Gotteskinder gezwungen, Teil der Struktur zu werden.

Mit zunehmendem Alter beginnen die Kinder, sich zu fürchten, anders zu sein als die anderen, weil diejenigen, die wie alle anderen sind, sie schikanieren könnten, was oft auch geschieht. Innerhalb der Masse ist es sicherer. Positionierst du dich aber außerhalb der Masse, könntest du ein Außenseiter werden, ein Nichtsnutz. So verlieren die Kinder allmählich die Gaben, die ihnen von Geburt an gegeben sind: ihre Unabhängigkeit, ihre Bewusstheit, ihre Intuition und ihre Individualität.

Indigo-Kinder verfügen über diese Eigenschaften in vollem Maße. Für die Struktur ist diese Mentalität tödlich, und daher wird der Prozess der Versklavung zunehmend fortschreiten. Wer aus diesem Kampf als Sieger hervorgeht, wird sich zeigen.

Für uns ist eines wichtig: uns jetzt, in diesem Leben, zumindest einen Teil unserer gottgegebenen Kräfte zurückzuholen, solange die Struktur den endgültigen Sieg noch nicht davongetragen hat. Und dabei kann uns die Methode des Transsurfings helfen.

Wie steht es eigentlich mit Ihnen, lieber Leser? Sind Sie vielleicht auch ein Indigo? Das ist eigentlich nicht so wichtig. Wir alle sind letztlich von gleichem Wesen: entweder erwachsene Kinder oder kindliche Erwachsene.

Die Beherrscher der Energie

Wie seltsam es doch ist ... gewöhnlich und doch seltsam. Kulturpflanzen und Haustiere waren einst wild und existierten frei und ganz natürlich. Doch der Mensch "erwachte" und erkannte, dass er sie seiner Kontrolle unterstellen kann. Des Menschen Bewusstheit erlaubte es ihm, sich Tiere und Pflanzen unterzuordnen, während diese in einem unbewussten Traum dahindämmern, und sie für seine Bedürfnisse zu verwenden. Dafür war es erforderlich, Strukturen zu erschaffen, die festlegten, wo und wie die Unterjochung vonstatten gehensollte.

Was immer die Ziele und Pläne der Tiere und Pflanzen gewesen waren - und diese gab es ganz bestimmt -, die Ordnung der Struktur hat sie zunichte gemacht. Aus Sicht des Menschen lassen sich die primitiven Bedürfnisse seiner kleinen Brüder auf Essen und Fortpflanzung reduzieren. Doch wenn das "übergeordnete" Wesen wirklich so denkt, so zeugt dies eher von einem primitiven Niveau seinerseits anstatt von seinem angeblich so vollkommenen Verstand.

In Wahrheit hat jedes Lebewesen seine Ziele. Warum das so ist? *Weil der Prozess des Erreichens eines Ziels der Motor der Evolution ist.*

Wir werden auf diese Frage noch zurückkommen, doch fürs Erste wollen wir feststellen: Das wahre Ziel eines jeden Lebewesens kann nur in seinem natürlichen Lebensraum erreicht werden. Jede Struktur unterwirft die Ziele ihrer Elemente allein ihren eigenen Interessen.

Die Entwicklung gezähmter Tiere und gezüchteter Pflanzen verläuft in einer vom Menschen bestimmten Richtung. Daraufhin fallen die Strukturelemente in einen noch tieferen Schlaf und verlieren voll und ganz die Vorstellung von ihren wahren Zielen.

Das Leben wilder Tiere und Pflanzen ist um vieles reicher und sinnvoller. Nehmen wir zum Beispiel eine Herde wilder Hirsche. Einerseits haben sie mehr als genug Sorgen: Sie müssen auf der Hut sein vor Raubtieren, ihre Jungen großziehen, Nahrung beschaffen; manchmal gibt es Probleme mit der Familie oder mit der Hierarchie in der Herde. Dafür gibt es andererseits aber auch alle möglichen Vergnügungen und einfach Lebensgenuss.

Das Leben einer Kuhherde in der Struktur einer Farm ist um einiges ärmer. Zwar hat der Mensch den Tieren eine ganze Reihe Probleme abgenommen, indem er für einen Stall und für ihre Ernährung sorgt; aber dafür mussten sie ihre Ziele an den Bauern abtreten - jetzt bestimmt er, wie, wozu und wie lange sie leben. Ist das nicht ähnlich, wie wenn der Mensch "dem Teufel seine Seele verkauft"?

Wie steht es nun mit dem Menschen? Die Realität ist, dass er Strukturen schafft, die ihn selbst zum Sklaven machen. *Der Mensch verliert sich selbst und versteht nicht mehr, wer er ist und was er will.* Sein gesamtes Tun zielt letztlich auf die Produktion und den Verkauf von Waren ab. An der Spitze jeder Struktur steht, als eine Art organisatorischer Überbau, ein Pendel. Die Pendel interessieren sich nicht für Waren, doch die Strukturen entwickeln sich sehr aktiv. Warum ist das so?

Die Sache ist die, dass die Hauptware Energie ist. Der Mensch kauft Dinge für sein Vergnügen und seinen Komfort. Neben den angenehmen Dingen gibt es auch Dinge, die dafür bestimmt sind, anderen Unannehmlichkeiten zu bereiten. In beiden Fällen ist ein Zuwachs an Energie zu verzeichnen - positiver oder negativer Energie. Das ist es, worauf es die Pendel abgesehen haben.

Wie Sie sehen, ist die Produktion und der Verkauf materieller Objekte bei Weitem nicht alles. *Gekauft und verkauft wird vor allem Energie.* Und dieser Energiemarkt wird von den Pendeln beherrscht. Dabei fällt der kleinere Anteil dem Menschen zu und der größere jenen Magnaten. Dem einen das Heu, dem anderen die Milch.

Auf dem Energiemarkt werden sogar Operationen durchgeführt, die denen auf dem Finanzmarkt ähneln. Alkohol zum Beispiel ist eine Energie in reiner Form. Wenn Sie ihn zu sich nehmen, erhalten Sie Energie auf Kredit. Der euphorische Alkoholrausch ist wie der Erhalt eines Darlehens, und der Kater ist die Rückzahlung mit Zinsen. Man muss am Ende immer draufzahlen, denn die Pendel geben Energie niemals kostenlos ab.

Alkoholarme Getränke machen entspannt. Das Pendel saugt ein wenig Energie. Starke alkoholische Getränke hingegen spenden eine wahre Energieflut. Doch das Pendel verlangt dafür hohe Zinsen. Auf die anfängliche Euphorie folgt ein jäher Absturz. Je höher die Wallung, desto tiefer der spätere Frust.

Der Kater ist nicht so sehr darauf zurückzuführen, dass die Organe überlastet werden, sondern dass das Pendel die freie Energie des

Trinkers verstärkt auspumpt. Er ist dann gezwungen, entweder zu leiden oder sich erneut volllaufen zu lassen. Das Pendel kann erneut Energie spenden, es ist nicht in Eile. Früher oder später aber kommt die unvermeidliche Rechnung. In der Bar kann man vielleicht die Zeche prellen, indem man wegläuft, aber dem Pendel entkommt man nicht. Und je höher sich der Trinker "verschuldet", desto grausamer wird die Abrechnung.

In einem solchen Zustand steht die freie Energie des Schuldners dem Pendel zur vollen Verfügung. Der Mensch fühlt sich genauso, als hätte sich jemand mit einer Zange an seinem energetischen Körper festgeklammert, und zwar im Bereich des Herz-Chakras. Das Pendel stellt dich vor die Wahl: Entweder du genehmigst dir noch einen, oder die Folter geht weiter. Da die freie Energie des Menschen sein freier Wille ist, wird er, wenn er sich auf dieses Spiel einlässt, schwach und willenlos. Das ist der Hauptgrund für den Alkoholismus. Es ist ein Teufelskreis: Greift man erneut zur Flasche, so bekommt man zwar etwas Energie, aber dafür wird die unvermeidliche Endabrechnung umso gewaltiger. Eines Tages kann dieser Lebensstil zum Herzstillstand führen, was ja oft genug passiert. Das Pendel wird den Trinker nur in Ruhe lassen, wenn bei ihm nichts mehr zu holen ist, und wenn das geschieht, kann er sich noch glücklich schätzen.

Der erste Kredit ist immer sehr großzügig, wie ein festlicher Anlass. Bekanntlich ist das erste Glas Wein im Leben eine eindrucksvolle Erfahrung, aber in der Folge verblasst diese Erfahrung mit jedem Mal und wird zudem auch weniger angenehm. Die Pendel sind nur deshalb spendierfreudig, um Leute in ihren Einfluss zu ziehen. Die

Rechnung wird dann knallhart und ohne jede Nachsicht serviert. Wer daher einen solchen Kredit aufnimmt, sollte besonders auf der Hut sein und dabei seine "Liquidität" bedenken.

Trunksüchtige Herumtreiber sind oft gar nicht so miese Charaktere, wie man meinen möchte. Diese bedauernswerten Kerle haben es einfach nicht geschafft, ihre Reserven richtig einzuschätzen und rechtzeitig ihren Kredit zurückzuzahlen; so sitzen sie bis heute in der Schuldenfalle. Wieder und wieder nehmen sie ein Darlehen auf, und die Zinsen steigen ohne Ende. Dabei fing alles so fröhlich an! Das Absacken geht allmählich vonstatten, ist aber unvermeidlich und mündet schließlich in einer Lawine. Das Wesen des *induzierten Übergangs* ist sehr heimtückisch, und jeder kann in seinen Sog geraten.

Alles, was mit intensiven, d. h. energieintensiven Gefühlen verbunden ist, ist den schädlichen Leidenschaften zuzurechnen, denn es handelt sich eigentlich um Kredite von Pendeln. Wieso schädlich? Weil die Pendel von Natur aus aggressiv und bestrebt sind, Konfliktenergien zu vergrößern. Alles, was attraktiv, aber schädlich ist, endet für den Menschen früher oder später in einem Desaster. Je größer der Schaden, desto höher der Pegel an negativer Energie. Positive Energie wird niemals in solchen Maßen frei.

Der größte "Ertrag" an Energie ist bei jemandem zu holen, der halluzinogene Drogen oder Narkotika nimmt. Die kurze Euphorie ist nichts im Vergleich zur nachfolgenden Depression. Denn wenn der arme Kerl nicht rechtzeitig die nächste Dosis bekommt, kommt er auf den Affen, was ihm den letzten Tropfen Energie aussaugt.

Es gibt auch andere Arten von Krediten mit niedrigeren Zinssätzen. Dazu zählen zum Beispiel Tabak, Kaffee, Tee, alkoholfreie Getränke und Kaugummi. Jemand kann es nicht mehr aushalten: "Wo gibt es hier bitte Kaugummi?"

Wie ich bereits feststellte, wird bei jeder materiellen Befriedigung Energie frei. Das Gleiche gilt aber auch für geistige Bedürfnisse. Ob es sich nun um Energie in Form von Freuden, Komfort oder etwas anderem handelt, ist dabei nebensächlich. In jedem Fall geschieht Folgendes: Du hast einen Wunsch - dann sammelst du Energie an; dein Wunsch wird erfüllt - du strahlst Energie aus. Beim Kauen erfährt der Mensch ein angenehmes Gefühl, das übrigens sehr alte Wurzeln hat. Das Wesen dieses Genusses ist ganz offensichtlich: Solange du isst, ist alles in Ordnung; wenn aber jemand dich frisst, dann ist alles Mist.

Letzten Endes läuft es bei jeder Leidenschaft aufs Gleiche hinaus: Wird der Mensch zum "Stammkunden", dann reiht er sich in die "Herde" ein. Ein Pferch ist dabei nicht einmal nötig. Der Kunde kann auch so nicht entkommen, bis schließlich seine Aufmerksamkeit ganz in die Fangschlinge der Pendel gerät. Wer an das Objekt seiner Leidenschaft denkt, strahlt Energie auf der Resonanzfrequenz des Pendels aus. Alle Gedanken eines "Schuldners" sind einzig und allein auf den Erhalt der nächsten Portion Energie gerichtet: das Darlehen. An etwas anderes kann er in diesem Zustand nicht denken, weil das Pendel seine Aufmerksamkeit nicht loslässt.

Diese Vereinnahmung ist aufgrund einer bestimmten Eigenschaft des menschlichen Bewusstseins möglich. Die Aufmerksamkeit kann auf eine einzige Sache fokussiert sein – sie gleicht dem Ausschlag einer Wetterfahne, wobei das Pendel den Wind stetig von ein und derselben Seite blasen lässt. Die Vereinnahmung der Aufmerksamkeit lässt sich an einem so einfachen Beispiel wie einer Melodie verdeutlichen, die einen so fesselt, dass man sie nicht mehr aus dem Kopf bekommt.

Man sollte nicht denken, dass Abhängigkeit sich nur infolge physiologischer Faktoren entwickle – die gibt es durchaus, aber sie spielen bei Weitem nicht die wichtigste Rolle. Wenn zum Beispiel eingefleischte Raucher sich auf eine Reise mit einem U-Boot machen, quält sie die fehlende Möglichkeit zum Rauchen nicht. Sobald das Kommando zum Tauchen gegeben wird und die Luke sich schließt, sind die Gedanken ans Rauchen wie weggeblasen, da es objektiv keine Möglichkeit mehr dazu gibt. Aufgrund dieses Umstands schickt ein Raucher sich völlig in sein Schicksal und denkt nicht einmal mehr über seine Sucht nach. Die Wetterfahne seiner Aufmerksamkeit hat sich zur anderen Seite gedreht. Was ist mit seiner physischen Abhängigkeit geschehen? Dann aber kehrt das U-Boot von der Reise zurück, und sofern der Raucher nicht die Absicht hat, seine Angewohnheit aufzugeben, wird er sich erinnern, wie sehr ihm das Rauchen gefiel, und schon kann der aufdringliche Kreditor mit seiner Fangschlinge wieder die Aufmerksamkeit erhaschen.

Die Vereinnahmung der Aufmerksamkeit zeigt sich auch in Erscheinungen wie Spiel- oder Internetsucht. Viele Leute sind schon so weit, dass sie sich nur vor dem Bildschirm ihres Computers wohlfühlen. Wer in solche Abhängigkeit gerät, braucht nur mal ein paar Stunden Trennung vom Bildschirm, und schon bekommt er Entzugserscheinungen. Er bekommt Kopfschmerzen und ein unerträgliches Gefühl des Unbehagens. Aber kaum kehrt er zum Bildschirm zurück, sind alle Symptome wie weggeblasen. Offensichtlich liegt hier kein physisches Bedürfnis vor.

Auf jeden Fall entsteht die Abhängigkeit hauptsächlich deswegen, weil sich Ihre Aufmerksamkeit in der Schlinge des Pendels verfängt. *Um dies zu ändern, müssen Sie Ihre Aufmerksamkeit auf etwas anderes lenken.*

Sich durch Willensanstrengung aus der Fangschlinge zu befreien, ist kaum möglich. Genauso wenig kann man dem Ohrwurm entgehen, bloß indem man sich eine andere Melodie vorstellt. Eine schädliche Leidenschaft wird in der Regel von einem bestimmten Drehbuch und Bühnenbild begleitet. Das alles erzeugt eine charakteristische Atmosphäre, wie die Rauchpause während der Arbeit, die zur Vereinnahmung der Aufmerksamkeit beiträgt. Alle Schulden bezahlen und dieser Bank der Laster entkommen kann man nur auf eine Weise: *indem man das Drehbuch und das Bühnenbild verändert.* Das können Sie ohne Weiteres tun; Sie brauchen dazu bloß den Wunsch und ein wenig Fantasie.

Auch jemand, der nicht "verschuldet" ist, aber die Produkte der Zivilisation verwendet, gibt einen Teil seiner Energie an die Pendel ab. Die Pendel "hüten" die Menschen, im wahrsten Sinne des Wortes – um nicht zu sagen: Sie "züchten" sie. Das gesamte Leben in der zivilisierten Gesellschaft ist ein ununterbrochener Prozess des Konsums und der Abgabe von Energie. Und dieser Energieaustausch wird von den Pendeln überwacht.

Doch das Einsammeln der menschlichen Energie an sich ist noch nicht so schlimm. Die Hauptgefahr der Struktur besteht darin, dass sie die individuellen Wege ihrer Elemente zunichtemacht. Das Mitglied der Struktur verliert sogar die Vorstellung, dass es so etwas wie einen eigenen Weg überhaupt gibt. Der Mensch erfüllt nicht nur, was die Struktur verlangt, er will sogar genau das, was für sie vorteilhaft ist. Man sollte sich nicht in der Hoffnung wiegen, dass der Mensch ein vernünftiges Wesen sei und deshalb seine Unterjochung nicht zulassen werde.

Wie gesagt, befindet sich die Bewusstheitsstufe des Menschen auf einem niedrigen Niveau, und die Struktur führt langsam, aber sicher zur weiteren Verminderung der letzten Reste der Bewusstheit. Um den vollständigen Sieg zu erlangen, muss die Struktur alle Elemente in einem globalen Informationssystem vereinigen, was jetzt auch mit Macht und Erfolg durchgesetzt wird. Möglicherweise fehlen noch ein paar wenige Ziegel in der Wand, bis der Mensch sich vollends eingemauert hat.

Was tun? Anscheinend werden wir schon allein dadurch, dass wir die Produkte der Zivilisation konsumieren, Teil der behüteten Herde. Es ist schon häufiger vorgekommen, dass Menschen versuchten, aus der Zivilisation auszubrechen und sich in kleinen Kommunen in der Natur anzusiedeln. Ich möchte nicht darüber urteilen, wie erfolgreich diese Versuche waren. Allerdings scheint mir der moderne Mensch nicht in der Lage zu sein, sich ganz von der Zivilisation loszusagen – ein solches Leben ist er einfach nicht gewohnt. Trotzdem ist es sinnvoll, alle schädlichen Produkte auf ein Mindestmaß zu reduzieren und mit natürlichen Gaben der Natur zu ersetzen.

Zum Beispiel kann man einen Familienlandsitz mit eigenem Garten gründen. Der Hauptvorteil einer solchen Oase der lebendigen Natur in der Wüste der Zivilisation besteht darin, dass die Normen dort durch den Hausherrn selbst festgelegt werden, nicht durch die Struktur. Und wem nicht danach ist, durch den Morast zu waten, der kann es durchaus auch sein lassen. Jeder sollte die Möglichkeit haben, die Gesetze seiner Existenz selbst zu bestimmen. Wenn ich will, asphaltiere ich meine ganze Umgebung ein ... oder aber ich stelle mich der wilden Natur in all ihrer Rohheit und Garstigkeit.

Ein anderer Weg - für den Stadtbewohner - kann darin bestehen, sich ausschließlich von natürlichen Produkten zu ernähren. Aber auch dafür muss man aufwachen und wissen, dass der schöne Apfel, der innerhalb der Struktur gewachsen ist und im Supermarkt angeboten wird, von seinen Eigenschaften her ein "vollwertiges" Element der Struktur ist, einschließlich der Krankheiten, die aus solch einer Ernährung resultieren können.

Insgesamt gesehen, gibt es viele Wege, und jeder wähle seinen eigenen. Mir wird als Beispiel immer der verwilderte Kater dienen, den ich kennen lernen durfte.

Zusammen mit ein paar Freunden pflegte ich in den Wald zu gehen, damit wir uns dort an einem Grillfeuer von den "Segnungen" der Zivilisation erholen konnten. Angelockt durch die interessanten Düfte, schlich sich eines Tages ein großer Kater an unser Lager heran. Allem Anschein nach war er einmal ein Haustier gewesen, war aber aus irgendwelchen Gründen in den Wald gezogen und dort verwildert. Nach seinem Körperumfang zu urteilen, war dieser struppige Herumtreiber bei seiner Jagd nach Vögeln und Mäusen äußerst erfolgreich

– es war ihm aber durchaus zuzutrauen, dass auch Kaninchen auf seinem Speiseplan standen. Ein fertiges Mahl wollte er sich ebenfalls nicht entgehen lassen, wobei er ganz nonchalant vorging: schnapp und weg!

Zuvor waren wir diesem Waldkater noch nicht begegnet. Er ließ sich gern bewirten, doch für Zutraulichkeiten hatte er nichts übrig. Der Kater war ein echter Transsurfer. Er hatte den Geschmack realer Freiheit gekostet, und obwohl er den Kontakt zur Zivilisation nicht völlig vermied, hätte er deren Güter um keinen Preis gegen seine Unabhängigkeit tauschen wollen.

Trotz allem kann man Dinge der Zivilisation benutzen, ohne von ihr abhängig zu werden. An der Bewusstheit zeigt sich, wer in der Herde ein freier Mann ist. Man braucht bloß aufzuwachen und zu erkennen, was ringsum geschieht. Irgendwie war es mir beschieden, all dies zu erkennen und dann an Sie weiterzugeben, denn ... Eigentlich ist es ja ein Geheimnis, aber Ihnen, meine lieben Leser, will ich es verraten: Ich bin verwildert. Ich bin einer Farm entlaufen.

Die Deklaration der Absicht

Bisher haben wir nur darüber gesprochen, wie man dem Einfluss der Pendel entgehen und sich von ihnen befreien kann. Könnte man sich die Pendel aber auch irgendwie zunutze machen? Allgemein gesagt, wird jeder Traum letztlich mithilfe der Pendel realisiert. Denn wir alle leben in diesen oder jenen Strukturen, um diese Tatsache kommt niemand herum. Die Frage ist nur, wie wir es schaffen können, dass die Struktur uns unsere Träume nicht raubt, sondern uns dabei hilft, sie zu verwirklichen. Gibt es aber Methoden, um direkt auf die Pendel einzuwirken? Höchstwahrscheinlich nicht. Sie lassen sich weder zähmen noch sonst wie lenken. Dennoch ist es möglich, die Eigenschaften der Pendel für die eigenen Interessen zu nutzen.

Haben Sie sich schon einmal überlegt, warum Menschen bei Tafelgesellschaften Toasts aussprechen? Steckt wohl ein echter Sinn dahinter, oder handelt es sich um ein rein symbolisches Ritual? Es zeigt sich, dass sie durchaus einen Sinn haben. Die Volksweisheit bringt manchmal Bräuche hervor, die man für einen dummen Aberglauben halten könnte. Die Menschen folgen dann gedankenlos den etablierten Regeln, ohne zu ahnen, dass diese Regeln eine Art Methode zur Realitätssteuerung sind.

Wie zuvor gesagt, stellen alkoholische Getränke einen energetischen Kredit dar. Die freie Energie bekommt zusätzlichen Schub und steigt auf ein höheres Niveau. Und weil diese Energie nichts anderes ist als die Energie des Willens, wird das Ergebnis je nach der Ausrichtung des Willens geartet sein.

Wenn jemand zum Beispiel aus Kummer trinkt, wird die Realität sich umso düsterer gebärden. Wenn jemand aus Heiterkeit trinkt, so werden sich Anlässe zur Freude finden. Und wenn das Trinken mit einem Gefühl der Furcht vermischt ist, wird das Leben in eine Richtung schwenken, wo es tatsächlich Grund zur Angst gibt. Entsprechendes gilt für alle übrigen Fälle.

Verstärkt durch die hinzuströmende Energie, wird die geistige Ausstrahlung den Betreffenden auf eine Lebenslinie mit entsprechenden Eigenschaften tragen. Das Pendel, das den Kredit gewährt, dient als Verstärker der Energie der Absicht. Wie sehr das Pendel auch schwingt, es hat keinen Zugriff auf die äußere Absicht, und daher kann es auch nicht einen Sektor des Variantenraums materialisieren. Die Realität ist ausschließlich den Lebewesen unterstellt. Wenn also ein Mensch einen Toast ausspricht, fixiert er die Richtung seiner Absicht. Verstehen Sie, was geschieht?

Die Energie des Pendel-Kreditors ist in der Regel negativ ausgerichtet. Wenn aber ein Mensch diese Energie mit einem positiven Willen versieht, ändert sich die Polarität. Deshalb sind Toasts ganz und gar keine leeren Rituale, sondern eine *Absichtserklärung.*

Doch ungeachtet der guten Wirkung der Toasts sind sie alle von einem bedauerlichen Fehler überschattet: Gewöhnlich sind die Wünsche auf die Zukunft gerichtet. Die vom Pendel gewährte Energie kann nur ins Positive verkehrt werden, nimmt aber keinen Einfluss auf die Realität. Die Wünsche bleiben daher irgendwo in einer unerreichbaren Dimension. Und das entspricht genau dem Naturgesetz. Ein Spiegel ist ja auch nicht in der Lage, die Zukunft zu zeigen - er zeigt nur immer die Gegenwart.

Was folgt nun aus alledem? Man sollte all diese Toasts auf die Gegenwart ausbringen. Sie werden zwar etwas seltsam klingen, aber dafür funktionieren sie. Zum Beispiel können wir anstatt "Hoch soll er leben!" sagen: "Er lebt hoch." Oder: "Wir sind alle gesund und munter." "Wir haben gesiegt." "All die, die nicht mehr unter uns sind, sind immer bei uns." "Wer zur See fährt, ist glücklich." "Unsere Wünsche gehen in Erfüllung." "Wir sind immer erfolgreich." Und so weiter.

Eine solche Absichtserklärung wird den Wunsch ins Hier und Jetzt ziehen und ihn nicht auf ein niemals eintretendes Morgen verschieben.

Man sollte nun allerdings nicht meinen, mithilfe von Spirituosen könne man mit Leichtigkeit seine Wünsche zur Erfüllung bringen. Wie Sie sich denken können, hat diese Medaille auch ihre Kehrseite. Je höher der Kredit, desto höher die Zinsen - ganz zu schweigen davon, dass sich mit der Vergrößerung des Darlehens auch das Bewusstsein und damit ebenso die Absicht des Menschen in eine Region des Variantenraums verschiebt, die mit der Realität nicht konform geht, also inadäquat ist. Und davon, dass mit Narkotika ähnliche Manipulationen der Realität möglich seien, kann ebenfalls keine Rede sein. Es ist nicht immer und auch nicht jedermann möglich, die negative Energie des Pendels in positive umzuwandeln.

Auf dem gleichen Prinzip beruht die Wirkung von schwarzer Magie. Mit einem bösen Zauber werden dunkle Kräfte angerufen, um deren Energie für die Verstärkung einer feindseligen Absicht zu verwenden.

Doch eigentlich ist es in jeder Beziehung unvorteilhaft, beim Pendel einen Kredit zu nehmen. Wenn Sie es dennoch tun, sollten Sie folgende Regel beherzigen: *"Wer sich dem Einfluss des Pendels aussetzt, denke nur Gutes."*

Nehmen wir beispielsweise das Pendel des Transsurfings. Es wird Ihnen keinesfalls Schaden bringen, aber dafür kann eine Absichtserklärung seine Effektivität merklich steigern. Jedes Mal, wenn Sie mit Informationen über das Transsurfing konfrontiert werden, sollten Sie sich daran erinnern, dass es Ihnen beim Erreichen Ihrer Ziele hilft. Eine solche Fixierung der Absicht lenkt den Vektor des Variantenstroms eindeutig in die erforderliche Richtung.

Mit jedem Pendel sollten Sie auf ähnliche Weise verfahren, selbst wenn es keinen direkten Bezug zu Ihrem Leben hat. Zum Beispiel können Sie, wenn gerade eine Serie oder eine Show im Fernsehen läuft, ein *Zieldia* bereithalten, das heißt ein Bild dessen, was Sie sich wünschen. Im Laufe der Sendung lässt sich immer ein Aufhänger finden, der einen wenn auch noch so kleinen Bezug zu Ihrem Ziel hat. Wenn zum Beispiel die Helden einer Serie in einem eleganten Auto herumkutschieren, können Sie sich sagen, dass Sie sich ein ähnliches Gefährt zu kaufen gedenken.

Während Sie einen Kredit beziehen, sollten Sie auf keinen Fall an etwas Schlechtes denken. Beunruhigende Gedanken, bedrückende

Probleme, Verzagtheit, Angst - all dies wird durch die zusätzliche Energie nur noch verstärkt. Wir wollen uns einige Beispiele ansehen.

Denken Sie in der Zigarettenpause an einen bevorstehenden Erfolg, als hätten Sie ihn schon so gut wie in der Tasche. Oder sagen wir, ein Werbespot animiert Sie zum Genuss aromatischen Kaffees. Stellen Sie sich nun vor, dass Sie immer erfolgreich sind, was auch geschehen mag. Aber halt! Haben Sie nicht *das Prinzip der Koordinierung der Absicht* vergessen? Zum Beispiel, während Sie rauchen oder Kaffee trinken, sollten Sie, statt Ihren Gedanken freien Lauf zu lassen, Ihre Absicht erklären: "Alles läuft einfach wie geschmiert, weil ich durch meine eigene Absicht meine Realität erschaffe. Und ich weiß auch, wie ich das tun muss."

Unter das gleiche Prinzip fallen auch Teezeremonien. In den Traditionen vieler Völker findet man ferner Essensgebete und Speiseopfer zu Ehren Gottes. Während man aber Gott seinen Anteil darreicht, sollte man sich nicht selber vergessen.

Wenn Sie sich mit Liebe und Fürsorge "selber füttern" und sich dabei gut zureden, wie etwa: "Iss, iss, mein Lieber, dann wirst du gesund und stark", so könnte dies einen unglaublichen, völlig unerwarteten Effekt haben. Es ist möglich, dass sich Krankheiten tatsächlich verflüchtigen. Zunächst wird der Organismus verwundert sein, doch dann wird er sich freuen und aufblühen wie eine Blume, um die man sich sorgsam kümmert. Wichtig ist, sich dabei mit aufrichtiger Hingabe und Liebe zu bedienen und sich Dinge zu sagen wie: "Wenn du dich selbst nicht ernährst, wird es niemand tun."

Eine solche Deklaration verfügt über enorme Kraft. Wenn Sie sich früher selbst nicht leiden konnten oder sich selbst gleichgültig waren, so wird ein solches Ritual schon bald auffallende Veränderungen bewirken. Glauben Sie das aber nicht einfach – probieren Sie es aus!

Im Lichte des hier Gesagten scheint es, dass man die Absichtserklärung auch beim Spiel mit so heimtückischen Pendeln wie der Börse, dem Spielkasino oder der Lotterie einsetzen könne. Die Wahrscheinlichkeit des Erfolgs erhöht sich, wenn Sie sich zur Zeit der Wetteinlage und während des Verlaufs des Spieles ein Dia des unbedingten Gewinns vergegenwärtigen. In der Regel laufen die Gedanken eines Spielers etwa auf Folgendes hinaus: "Ich werde gewinnen!", "Und wenn ich nun verliere?", "Nein, ich werde auf jeden Fall gewinnen!", "Diesmal wird das Glück auf meiner Seite sein!"

Nun, das ist ein ziemliches Durcheinander. Hier kommen sowohl der Wunsch zu gewinnen zum Ausdruck als auch die Angst vor dem Misserfolg und die Hoffnung auf den Erfolg. Alle Gedanken und Emotionen, einschließlich der Hoffnung auf den Erfolg, muss man aufgeben. Bleiben sollte nur die unerschütterliche und gleichmütige Entschlossenheit, den Gewinn zu haben: "Ich bin der Gewinner." So sollte die Absichtserklärung aussehen – ohne jedes Wenn und Aber und ohne Ausrufezeichen. Wenn es Ihnen gelingt, diesen Zustand der gleichmütigen und unerschütterlichen Entschlossenheit zu erreichen, werden Ihre Aussichten auf Erfolg gewaltig steigen.

Das ist aber noch nicht alles. Sie können bei ein und derselben Spielveranstaltung auch zwei oder drei Mal nach dem Sieg greifen. Das kann aber nicht beliebig so weitergehen, denn Mensch bleibt

Mensch, und niemandem von uns wird es gelingen, die eigene Wichtignahme ständig auf tadellos niedrigem Niveau zu halten. Jedes Spiel ist ein energetischer Kredit, der sich unmerklich in einen *induzierten Übergang* mit traurigem Finale wandeln kann. Diese Themen werden übrigens in Band 1 der Reihe Transsurfing ausführlich behandelt; daher wollen wir uns an dieser Stelle nicht damit aufhalten.

Man kann sagen, dass es nur eine Möglichkeit gibt, die Zahlung der Zinsen zu vermeiden: rechtzeitig mit dem Spiel aufhören. Selbst das reicht noch nicht. Sie müssen jede Verbindung mit dem entsprechenden Pendel vermeiden und jede Ausstrahlung der Gedanken auf dessen Frequenz tilgen. Mit anderen Worten, Sie müssen nach einer gewissen Zeit Ihre Aufmerksamkeit auf etwas anderes lenken, ohne sich auch nur an das Spiel zu erinnern. Nur so, indem Sie aufhören, mit dem Pendel zu schwingen, können Sie sich vor dem Sog des induzierten Übergangs bewahren. Erst wenn die Verbindung vollständig getrennt ist, können Sie sich auf eine neue Session des Spiels einlassen.

Insgesamt aber ist das Spiel mit dem Pendel sehr gefährlich und unberechenbar, weil niemand über die nötige *Entschlossenheit zu haben* verfügt. Eigentlich ist das gar kein Spiel, sondern ein *Tanz mit dem Schatten.*

Das Pendel ist ein unsichtbarer, kalter und unbarmherziger Schatten. Etwas wie Bewusstsein oder Absicht kennt es nicht. Es hat keine Seele und keinen Verstand, deren Widerspruch Emotionen, Gefühlswallungen oder Schwäche hervorrufen könnte. Sie können das Pendel niemals austricksen, genauso wenig wie Sie Ihren eigenen Schatten überholen können. Es verfolgt gelassen Ihre Bewegungen, denn es weiß genau, dass Sie ihm nicht entkommen können. Im Kampf ist dieser Schatten nicht zu besiegen, und es ist sinnlos, mit ihm zu spielen. Was tun?

Entweder müssen Sie von dem gefährlichen Spiel Abstand nehmen, oder aber Sie erwerben die besondere Gunst des Pendels - das ist in der Tat sinnvoll!

Wer versucht, gegen das Pendel zu gewinnen, jagt einem Schatten nach. Alle Bestrebungen zum Sieg und die begleitenden Emotionen sind der inneren Absicht unterstellt, die wie mit Scheuklappen stur aufs Ziel losstürmt. Um dieses nutzlose Rennen abzubrechen, sollte man innehalten, sich umschauen und beginnen, sich selbstständig zu bewegen. Und siehe da, auf einmal sind die Rollen vertauscht: Der Mensch rennt nicht mehr hinter dem Pendel her, sondern das Pendel folgt dem Menschen. Wer sich von der engstirnigen inneren Absicht lossagt, wird der Herr des Spieles werden, und er gibt bei diesem Tanz mit den Schatten den Ton an.

Um Ihr eigenes Spiel zu starten, müssen Sie sich gestatten, Sie selbst zu sein. Ihr Spiel ist die Erschaffung Ihrer eigenen Realität nach eigenem Ermessen. Sie brauchen sich dieses Privileg nur *zu nehmen.* Solch ein Privileg können Sie sich nur selber zuteilen oder nehmen. Dies ist ein wesentlicher Punkt.

Sich selbst zu gestatten, den Tanz zu führen, ist aber noch nicht alles. Sterne gehen von selbst auf, aber zum Leuchten gebracht werden sie von ihrem Pendel. Angenommen, Sie sind blitzgescheit und schaffen ein wahres Meisterwerk, so wird dies keine Beachtung finden, es sei denn, Sie geraten unter die Fittiche eines starken Pendels. Ihr Werk mag großartig und imposant sein, doch das allein reicht noch nicht aus, um auch populär zu werden. In Kultur, Wissenschaft und Kunst erweckt ein ausgezeichnetes Werk nur dann das öffentliche Interesse, wenn dabei ein neues Pendel entsteht oder wenn das Werk einem alten Pendel Profit verspricht.

Um auf Ihrem Gebiet eine Koryphäe zu werden, müssen Sie die Eigenschaften des Pendels verstehen und sie sich zunutze machen. Haben Sie schon mal darüber nachgedacht, warum Werke, die einst unheimlich populär waren, heute kaum mehr Beachtung finden, obwohl sie ja ihre ausgezeichneten Eigenschaften behalten haben?

Es gibt viele kulturelle Werke, deren vorzügliche Eigenschaften problemlos den Geschmack unserer Tage zufriedenstellen könnten. Doch zurzeit erfreuen sich diese Werke keiner besonderen Beliebtheit, weil die Pendel, die in der Vergangenheit vorherrschend waren, fast oder ganz zum Stillstand gekommen sind. Popularität und Mode kommen erst durch Pendel zustande. Wodurch sonst sollten sich auf einmal große Menschenmassen für ein und dieselbe Sache begeistern?

Wir wollen das Phänomen der Mode am Beispiel zweier bekannter Popgruppen untersuchen: an den Beatles und an Abba. Keine der beiden Bands hat ihren Weltruhm erlangt, weil sie etwas ganz Neues und Großartiges kreiert hat. Ihre Musik war eigentlich nichts Neues. Diejenigen, die die Stile "Rock" und "Disko" einführten, waren andere, viel weniger bekannte Musiker. Wie ist dann der phänomenale Erfolg dieser beiden Gruppen zu erklären?

Die Beatles mussten am Anfang ihrer Karriere viele Strapazen auf sich nehmen und landeten einen Misserfolg nach dem anderen. Sie waren eine recht mittelmäßige Gruppe, von denen es damals mehr als genug gab. Sie konnten noch nicht einmal richtig spielen und kamen über das Niveau gewöhnlicher Stehkneipen nicht hinaus – und dort traten sie auch auf. Die Beatles waren zwar im Grunde sehr talentiert, doch das reicht im Showbusiness nicht aus. Alte Pendel sind immer bestrebt, Neulinge abblitzen zu lassen.

1962 hatte die Gruppe zu ihrem eigenen Stil gefunden und brachte Songs heraus, die später die ganze Welt elektrisieren sollten. Bislang aber war niemand auf die Beatles aufmerksam geworden. Dennoch hatten sie eine kleine, aber treue Anhängerschaft. In jenem Jahr lief sich das Quartett von einer Plattenfirma zur anderen die Hacken ab, ohne auch nur einen Vertrag zu bekommen. Anscheinend hatte eine solche Gruppe keine Chance, höher hinaus zu kommen.

Hunter Davies schreibt in seiner autorisierten Biographie der Beatles: "Trotz allem glaubten wir an unseren Durchbruch, dass wir Nummer eins sein würden", erzählte George. "Wenn alles mies lief und wir einen Durchhänger hatten, vollzogen wir ein besonderes Ritual. John rief: 'Jungs, wohin geht die Reise?' Wir riefen zurück: 'Nach oben, Johnny, ganz an die Spitze!' – 'An die Spitze wovon?' – 'An die Spitze des allerhöchsten Gipfels, Johnny!'"

Aber es war nicht diese Zielstrebigkeit, die sie zum Erfolg führte. 1963 gelang es ihnen, ihre erste Single herauszugeben, die unerwartet Platz eins in der Hitparade belegte. Das war der erste bemerkenswerte Erfolg der Beatles, aber niemand sah darin ein großes Ereignis. Die

Presse hielt den Erfolg der Single für das kurze Aufflackern eines Sternchens und verträumte die Sensation. Nach dieser Platte wurde es wieder still um die Beatles. Wie sich jedoch zeigen sollte, war dies nur die Ruhe vor dem Sturm.

Ein halbes Jahr darauf überrollte eine Lawine der Beatlemanie zunächst England und dann fast die ganze Welt. "Jedes Land", schreibt Hunter Davies, "erlebte dieses Schauspiel der Massenhysterie, Szenen, die man zuvor niemals für möglich gehalten hatte, die man wahrscheinlich niemals wieder erleben wird. Wenn man heute darüber schreibt, kommt einem alles völlig unwirklich vor."

Etwas Ähnliches wiederholte sich bei der Geschichte von Abba. Noch 1972 verpasste dieses glänzende Quartett die Qualifikation für den Grand Prix Eurovision. Erst 1974 schaffte es die Gruppe und feierte, für alle unerwartet, einen rauschenden Sieg, bei dem sie alle Konkurrenten weit hinter sich ließ. Doch niemand maß ihrem Erfolg besondere Bedeutung bei. Grand-Prix-Sieger galten als Eintagsfliegen, von denen man nicht mehr als einen Hit erwartete. Wie bei den Beatles setzte eine Stille ein. Doch es verging kaum ein Jahr, und schon schwappte eine neue mächtige Welle über die ganze Welt: die Abbamanie.

Bei beiden Erfolgsstorys lassen sich zwei deutliche Gesetzmäßigkeiten verfolgen. Erstens entwickelt sich Popularität in einer wellenförmigen Bahn. Nach einer ziemlich langen Periode der Unbekanntheit wächst zunächst eine kleine, aber stabile Fangruppe heran. Dann folgt ein unerwarteter Aufschwung, gefolgt von einer weiteren Stilleperiode, wie wenn eine Welle vom Gestade zurückflutet, um neue Kräfte zu sammeln. Doch nach dieser Zeitspanne, in der sich praktisch nichts tut, brandet urplötzlich eine riesige Erfolgswelle heran. Die Popularität hält sich eine Weile auf hohem Niveau, doch dann erschlafft sie unvermeidlich, da neue Pendel auftauchen, die die vorherigen in den Hintergrund drängen.

Die interessanteste Gesetzmäßigkeit besteht darin, dass die Songs, die in der Folge große Hits werden, in der ersten Periode der Unbekanntheit gar nicht wahrgenommen werden. Man hört sie, schenkt ihnen aber kaum Beachtung. Doch dann auf einmal kommt der Durchbruch, und die gleichen Songs wirken auf einmal ganz neu und einmalig. Der Klang hat nun etwas Stilvolles, Modisches. Und unbegreiflicherweise kommen alle gleichzeitig zur Überzeugung, diese Lieder seien einfach klasse.

Woher aber kommt die allgemeine Empfindung des Stilvollen und Modischen? Die Beatles hatten doch schon 1962 ihren eigenen Stil entwickelt - wieso hatte niemand diese Songs beachtet? Und warum ist Abba 1972 niemandem aufgefallen? Ihre Lieder waren dieselben, die 1975 für Furore sorgten.

Erklärt es sich dadurch, dass jede Epoche ihre eigenen Eigenschaften, Klänge und Schattierungen hat - kurzum ihren eigenen Charakter? *Doch keine neue Epoche bricht von selbst herein; vielmehr wird sie durch die kumulative Absicht der Menschen herangezogen, ähnlich wie eine Wolke aus dem Variantenraum. Und das Pendel stabilisiert dann diese Absicht.*

Zunächst bildet sich eine kleine Schar von Anhängern. Jeder von ihnen strahlt Gedanken auf der Frequenz aus: "Das gefällt mir." Es wird ein Pendel ins Leben gerufen, das die Gedanken der Fans in eine Richtung lenkt: "Das gefällt uns." Im Variantenraum, wo es bekanntlich alles gibt, existiert eine Sektorenregion mit der allgemeinen Eigenschaft: "Das gefällt uns allen." Die kollektive Absicht der ersten Fangruppe richtet die Bewegung der materiellen Realisierung in Richtung dieser Region. Daraufhin erwirbt die Realität nach einiger Zeit die Schattierung der neuen Epoche. Es gibt immer mehr Anhänger, und das Pendel bündelt ihre Energie. Schließlich überschreitet die kollektive Absicht eine bestimmte kritische Masse, und die Wolke mit dem Charakter der neuen Epoche erfasst die gesamte Realität. So kreiert diese Wolke, die durch die vereinigte Absicht der Anhänger des Pendels geschaffen wurde, den besonderen Charakter der neuen Zeit.

Da Sie nun den Mechanismus des Entstehens neuer Strömungen kennen, können Sie kühn Ihr Ihnen rechtmäßig zustehendes Privileg nutzen, ohne Rücksicht auf die übrige Welt: *Sie selbst zu sein.* Nur so können Sie Ihre Chance wahrnehmen, vor aller Welt Ihre einzigartige Individualität zu entfalten. Die Pendel können einzigartige Persönlichkeiten nicht ertragen und werden gezwungen sein, Sie zu einem Star zu machen. Hören Sie auf damit, einem Schatten nachzujagen, und beginnen Sie, sich selbstständig zu bewegen; dann bleibt den Pendeln nichts anderes übrig, als Ihnen zu folgen. Sie haben die Fähigkeit, Begründer einer Mode zu werden, denn die Eigenschaften Ihrer Seele sind einzigartig, und im Variantenraum steht die individuelle Wolke der Luxusklasse schon bereit - sie wartet nur auf Sie. Lassen Sie Ihre eigenen Absichtsdeklarationen verlauten!

Zusammenfassung

- *Der Sinn und Zweck des Lebens aller Lebewesen besteht in der Steuerung der Realität.*
- *Langeweile als solche gibt es nicht. Es gibt nur den konstanten und brennenden Wunsch, die Realität zu steuern.*
- *Beurteilungen, die auf einem Vergleich beruhen, bewirken eine Polarisierung.*
- *Die Nivellierungskräfte beseitigen die Polarisierung, indem sie die Gegenpole aufeinanderprallen lassen.*
- *Ein Objekt oder eine Eigenschaft, dem oder der man besondere Bedeutung gibt, zieht Dinge von entgegengesetzter Polarität an.*
- *Die Regel des Pendels lautet: "Mach's wie ich!"*
- *Die Regel des Transsurfings lautet: "Nehmen Sie sich das Recht, Sie selbst zu sein, und gestatten Sie anderen, anders zu sein."*
- *Polarisierung lässt sich durch die Regel des Transsurfings beseitigen.*
- *Bewusstheit bedeutet: Ich träume jetzt nicht und bin mir bewusst, was ich tue, warum ich es tue und warum gerade so.*
- *Das erste Gesetz des Pendels besagt: Das Pendel ist bestrebt, Konfliktenergien zu mehren.*
- *Das zweite Gesetz des Pendels besagt: Es tut alles für die Stabilisierung seiner eigenen Struktur.*

- *Die Pendel koordinieren die Existenz organisierter Strukturen.*
- *Versklavung des Willens (der Absicht) bedeutet: Die Struktur diktiert uns einen ihr genehmen Willen auf.*
- *Um sich vom zombifizierenden Einfluss der Struktur zu befreien, muss man in die Rolle des mitspielenden Zuschauers schlüpfen.*
- *Der Prozess der Erlangung des Ziels ist der Motor der Evolution.*
- *In der Struktur verliert sich der Mensch und hört auf zu verstehen, wer er ist und was er will.*
- *Abhängigkeit entsteht dadurch, dass Ihre Aufmerksamkeit sich in der Fangschlinge des Pendels verfängt. Um dies zu ändern, müssen Sie Ihre Aufmerksamkeit auf etwas anderes lenken, indem Sie Drehbuch und Bühnenbild ändern.*
- *Der Charakter einer Epoche wird durch die kumulative Absicht einer Gruppe herangezogen, ähnlich wie eine Wolke aus dem Variantenraum.*
- *Wenn Sie einen beliebigen energetischen Kredit aufnehmen, sollten Sie eine Absichtsdeklaration abgeben.*
- *Sie können gegen ein Pendel nicht gewinnen. Entweder müssen Sie von dem gefährlichen Spiel Abstand nehmen, oder aber Sie erwerben die besondere Gunst des Pendels.*
- *Um Ihr eigenes Spiel zu starten, müssen Sie sich gestatten, Sie selbst zu sein.*

Kapitel 2

Der Traum der Götter

Ich sorge für meine eigene Welt.

Die zwei Gesichter der Realität

Seit ewigen Zeiten sind die Menschen Zeuge, dass sich die Welt auf zweierlei Weise verhält. Einerseits lässt sich alles, was auf der materiellen Ebene geschieht, mehr oder weniger aus den Gesetzen der Naturwissenschaft herleiten oder erklären. Sobald wir es jedoch mit feinstofflicheren Ebenen zu tun haben, sind diese Gesetze nicht mehr wirksam. Warum gelingt es nicht, diese verschiedenen Erscheinungsformen der Realität in einem Wissenssystem zu vereinen?

Es ergibt sich ein seltsames Bild: Die Welt spielt quasi mit dem Menschen Versteck, weil sie ihm ihr wahres Wesen nicht offenbaren will. Sobald die Wissenschaftler ein Gesetz entdecken, das ein Phänomen erklärt, taucht ein anderes Phänomen auf, das den Rahmen des gerade entdeckten Gesetzes sprengt. Und diese Suche nach der Wahrheit, die immer wie ein Schatten zu entwischen scheint, kommt zu keinem Ende. Interessant aber ist: Die Welt verbirgt nicht einfach ihr wahres Wesen - vielmehr ist sie bereit, das Gesicht anzunehmen, das man ihr zuschreibt.

Dies geschieht in allen Zweigen der Naturwissenschaft. Stellt man sich zum Beispiel ein Objekt des Mikrokosmos' als Partikel vor, lassen sich sogleich Experimente finden, die diese Sicht bestätigen. Sieht man dieses Objekt jedoch nicht als Teilchen, sondern als elektromagnetische Welle, so wird die Welt dem nicht widersprechen und sich bereitwillig in entsprechender Weise präsentieren.

Man könnte also der Welt die Frage stellen: Was ist die Substanz, aus der sie besteht - Materie, die über Masse verfügt? Und sie wird mit Ja antworten. Oder besteht sie vielleicht tatsächlich nur aus Energie? Und wieder wird die Antwort ein Ja sein. Im Vakuum findet bekanntlich ein kontinuierlicher Prozess der Entstehung und Vernichtung von Mikroteilchen statt: Energie verwandelt sich in Materie - und umgekehrt.

Es hätte ebenfalls keinen Zweck, die Welt fragen zu wollen, was nun zuerst da war: Materie oder Bewusstsein. Sie wird genauso tückisch ihre Masken tauschen und sich zu der Seite drehen, die wir sehen wollen. Die Vertreter der verschiedenen Lehren streiten miteinander und versuchen, ihre gegensätzlichen Standpunkte zu beweisen, doch die Realität fällt gelassen ihr Verdikt: Im Grunde haben sie alle Recht.

Anscheinend entzieht sich die Welt nicht nur unseren Fragen, sie verhält sich zudem wie ein *Spiegel.* Darin spiegeln sich alle unsere Vorstellungen über die Welt, wie immer sie auch geartet sind. Was aber hat das zu bedeuten: Sind etwa alle Versuche, das Wesen der Realität zu erklären, von vornherein zum Scheitern verurteilt? Die Welt wird es immer billigen, dass wir über sie nachdenken, doch gleichzeitig wird sie eine direkte Antwort vermeiden.

In Wirklichkeit ist alles viel einfacher. Nach der absoluten Wahrheit in ihren verschiedenen Erscheinungsformen zu suchen ist sinnlos. Es lässt sich nur die Tatsache ableiten, dass die Realität einem *dualen Spiegel* mit zwei Seiten gleicht: einer physischen, die man mit den Händen berühren kann, und einer metaphysischen, die außerhalb der Wahrnehmung liegt, aber deshalb keineswegs weniger objektiv ist. Gegenwärtig beschäftigt sich die Wissenschaft mit der Reflexion der einen Seite, die Esoterik mit der der anderen Seite. Kein Wunder also, dass sie miteinander streiten. Was aber verbirgt sich hinter dem dualen Spiegel?

Auf jener Rückseite befindet sich der Variantenraum – die Informationsstruktur, in der die Drehbücher aller möglichen Ereignisse gespeichert sind. Die Anzahl der Varianten ist unendlich, genauso wie die Punktmenge in einem Koordinatensystem. Jedes Ereignis, das in unserer realen Welt stattfindet, ist die materielle Manifestation einer von vielen Varianten.

Das ist anscheinend schwer zu glauben. Wo liegt denn der Variantenraum? Wie soll das überhaupt alles angehen können? Aus Sicht der dreidimensionalen Wahrnehmung ist er gleichzeitig überall und nirgends. Vielleicht liegt er außerhalb des Universums oder auch in Ihrer Kaffeetasse. Jedenfalls nicht in der dritten Dimension.

Das Paradox besteht darin, dass wir jede Nacht dorthin reisen. Träume sind durchaus nicht Illusionen im herkömmlichen Sinne. Der Mensch rechnet seine Träume dem Reich der Fantasie zu, ohne zu ahnen, dass sie reale Ereignisse widerspiegeln, die in der Vergangenheit oder der Zukunft liegen könnten.

Der Mensch kann im Traum bekanntlich Bilder wie aus einer anderen Welt sehen. Klar ist jedenfalls, dass er sie in unserer Welt so nicht real hätte sehen können. Wenn nun der Traum eine Art Imitation der Realität mithilfe unseres Gehirns ist, woher kommen dann jene unvorstellbaren Bilder und Geschehnisse?

Wenn alles Bewusste in der Psyche des Menschen auf den Verstand zurückzuführen wäre, alles Unbewusste aber auf die Seele, dann könnte man sagen, der Traum sei ein Flug der Seele durch den Variantenraum. Der Verstand stellt sich die Träume nicht vor - er sieht sie wirklich. Die Seele hat direkten Zugriff auf das Informationsfeld, wo alle *Drehbücher und Bühnenbilder* gespeichert sind, wie ein Filmteam auf seinen Film. Das Phänomen der Zeit, das heißt der Ablauf der Ereignisse, zeigt sich nur, während "die Filmspule" sich dreht. Der Verstand tritt als Beobachter und als "Ideengenerator" auf.

Das Gedächtnis hat eine ebensolche direkte Beziehung zum Variantenraum. Es ist erwiesen, dass das Gehirn physisch nicht in der Lage ist, all die Informationen zu speichern, die der Mensch im Laufe seines Lebens ansammelt. Wie kann es sich dann so viel merken? Die Sache ist die, dass das Gehirn nicht die Informationen selbst speichert, sondern so etwas wie Datenadressen im Variantenraum.

Der Verstand ist nicht in der Lage, etwas grundsätzlich Neues zu kreieren. Er kann nur ein neues Haus aus alten Steinen bauen. Der Verstand bezieht alle wissenschaftlichen Entdeckungen mittels der Seele aus dem Variantenraum. Auch Hellsichtigkeit und intuitives Wissen sind eigentlich dieser Quelle zuzuordnen.

"Eine Entdeckung in der Wissenschaft", schrieb Einstein, "findet nicht auf dem Wege der Logik statt. Eine Entdeckung bekommt eine logische Form erst später, im Laufe ihrer Darlegung. Jede Entdeckung - sei sie auch noch so klein - ist immer eine Erleuchtung. Das Ergebnis kommt von außen und so unerwartet, als hätte jemand es eingegeben."

Es wäre falsch, den Variantenraum mit der bekannten Konzeption eines gemeinsamen Informationsfeldes zu verwechseln, in der die Daten von einem Objekt zum anderen gegeben werden. Der Variantenraum ist eine stationäre Matrix - eine Struktur, die alles festlegt, was ist und was in unserer Welt geschehen könnte.

Die offizielle Wissenschaft sieht sich bislang nicht in der Lage, die Existenz des Variantenraums zu erklären oder zu bestätigen. Im Gegenteil, sie wird versuchen, das Modell des Transsurfings in Verruf zu bringen, denn die offizielle Wissenschaft ist ein typisches Pendel. Bei all ihren zweifellosen Vorzügen und Errungenschaften ist es eine Eigenart der Wissenschaft, alles, was ihren Rahmen übersteigt, abzulehnen. Mit außergewöhnlichen Phänomenen konfrontiert, werden sich Wissenschaftler mit allen Mitteln herauswinden, indem sie ihren Opponenten Scharlatanerie oder Unterstellung von Tatsachen vorwerfen oder das Offensichtliche einfach ignorieren, indem sie sich an ihren Elfenbeinturm festklammern. Aber es fand sich ein Mensch, das Akademiemitglied Wjatscheslaw Bronnikow, dem es gelang, die Wissenschaft völlig in die Ecke zu drängen, indem er ganz Unglaubliches für jeden offenbar machte.

Kinder, die an der von Bronnikow gegründeten *Internationalen Akademie zur Entwicklung des Menschen* ausgebildet wurden, demonstrieren Fähigkeiten, die wirklich jeden Rahmen herkömmlicher Wissenschaft sprengen. Sie können mit geschlossenen Augen genauso gut sehen wie mit geöffneten, können sich riesige Mengen an Information merken, verfügen über die Gabe der Hellsicht und sind in der Lage, weit entfernte Objekte zu sehen. Es mag schwer sein, das zu glauben, aber Tatsache bleibt Tatsache - sie sehen durch eine Wand hindurch, als ob sie gar nicht da wäre. Wie schaffen sie das?

Neurophysiologen, die den Effekt der inneren Vision untersuchten, beschreiben ihre Beobachtungen folgendermaßen: "Bei gewöhnlicher Sicht lassen sich auf Messgeräten die Stelle des Signaleintritts, dessen Umsetzung im Gehirn und die Verarbeitung registrieren. Bei der inneren Vision lässt sich die Stelle des Signaleintritts nicht lokalisieren, auch die Umsetzung des Signals im Gehirn fehlt, aber die Verarbeitung des Signals wird von den Geräten eindeutig wahrgenommen. All unsere Versuche, den Eintritt der Signale ins Gehirn zu blockieren, waren erfolglos. Wir haben es mit einem Phänomen zu tun, das, gemessen an seinen physischen Parametern, nicht auf elektromagnetischen Prozessen beruht."

Offenbar ist das Gehirn in der Lage, ohne die Hilfe des Sehapparats zu sehen, wobei die Art und Weise der Informationsaufnahme unbekannt ist. Was hat das alles zu bedeuten? Bronnikow erklärt dieses Phänomen durch das Vorhandensein einer Verbindung zwischen dem Bewusstsein des Menschen und etwas, was er Superbewusstsein nennt. "Das Superbewusstsein", schreibt er, "ist etwas, was sich außerhalb des Menschen befindet, eine Art Umfeld." Wahrscheinlich haben Sie schon erraten, dass dieses Umfeld im Transsurfing als Variantenraum bezeichnet wird. Was macht es aber schon aus, wie man dieses Etwas nennt? Im Wesentlichen bleibt es das Gleiche.

Der Verstand oder - wenn Sie so wollen - das Gehirn "sieht" vermittels der Seele, was sich im Variantenraum befindet. Die Augen sehen die physische Realität. Im Falle der inneren Vision tritt das Gehirn mit einem metaphysischen Informationsfeld in Verbindung, wo ein vollständiges Abbild der Realität der Umgebung gespeichert ist. Wer Zugang zu dieser Datenbank bekommt, kann Objekte sehen, unabhängig davon, wo er sich befindet - hinter einer Wand oder viele Kilometer entfernt.

Im Variantenraum gibt es Regionen, die in der materiellen Welt realisiert sind, und solche, die es nicht sind. Um die innere Vision zu erlangen, muss man lernen, genau den jetzt realisierten Sektor wahrzunehmen. Physiologisch betrachtet könnte man dies als Synchronisierung der beiden Gehirnhälften interpretieren. Akademiemitglied Bronnikow hat ein ganzes System spezieller (und gleichzeitig sehr einfacher) Übungen ausgearbeitet, die es selbst dem Durchschnittsmenschen erlauben, diese Fähigkeiten zu entwickeln. Wenn Sie wollen, können Sie die entsprechenden Informationen im Internet finden und die Methode selbst ausprobieren. All dies gibt es tatsächlich.

Im Variantenraum werden auch Informationen über alle möglichen Varianten der Vergangenheit und Zukunft gespeichert; demzufolge bedeutet der Zugriff auf ihn auch die Möglichkeit der Hellsichtigkeit. Allerdings gibt es da ein Problem, denn die Anzahl der Varianten ist unzählig, und daher kann man auch Ereignisse sehen, die gar nicht realisiert werden. Genau aus diesem Grund geschieht es häufiger, dass die Prognosen von Hellsichtigen mit Fehlern behaftet sind. Denn es ist möglich, Dinge zu sehen, die nie geschehen sind und auch nie geschehen werden.

In dieser Hinsicht können Sie beruhigt sein: Ihre Zukunft ist niemandem bekannt, denn keiner kann mit Sicherheit sagen, welche Variante realisiert werden wird. Genauso wenig gibt es eine Garantie dafür, dass Sie im Traum einen Sektor des Variantenraumes gesehen haben, der sich verwirklichen wird.

Bemerkenswert in diesem Zusammenhang ist: Wenn Ihre Zukunft nicht auf fatale Weise vorherbestimmt ist, können Sie immer auf das Beste hoffen. Es ist nicht die Aufgabe des Transsurfers, mit Bedauern in die Vergangenheit zu blicken und mit Sorge in die Zukunft, sondern absichtlich und planvoll die eigene Realität zu gestalten.

Die geistige Energie des Menschen ist unter bestimmten Umständen in der Lage, diesen oder jenen Sektor des Variantenraums zu materialisieren. In dem Zustand, den wir im Transsurfing *Einheit von Seele und Verstand* nennen, entsteht eine unbegreifliche magische Kraft - *die äußere Absicht* - und wandelt eine potenzielle Möglichkeit in Wirklichkeit um. Alles, was normalerweise der Magie zugeschrieben wird, hat einen direkten Bezug zur äußeren Absicht. Mithilfe dieser Kraft errichteten die Magier der Antike die ägyptischen Pyramiden und brachten andere, ähnliche Wunder hervor.

Wir sprechen von *äußerer* Absicht, weil sie sich außerhalb des Menschen befindet und folglich nicht seinem Verstand unterworfen ist. Allerdings kann der Mensch in einem bestimmten Bewusstseinszustand Zugang zu ihr finden. Gelingt es ihm, diese mächtige Kraft seinem Willen unterzuordnen, dann kann er Unglaubliches vollbringen. Doch der moderne Mensch hat diese Fähigkeiten, die in vergangenen Zivilisationen wie Atlantis noch vorhanden waren, seit langem verloren. Was sich bis in unsere Tage in bestimmten esoterischen Lehren und Praktiken erhalten hat, sind lediglich Scherben des menschlichen Urwissens. Dieses Wissen ist im Alltag ziemlich schwer anzuwenden.

Und doch ist die Lage nicht hoffnungslos. Im Transsurfing gibt es indirekte Methoden, mit deren Hilfe man die äußere Absicht auf einem Umweg zur Entfaltung bringen kann. Der Mensch ist in der Lage, seine Realität zu formen. Dafür muss er aber bestimmte Regeln beachten. Der alltägliche menschliche Verstand versucht erfolglos, auf die Reflexion im Spiegel einzuwirken; was verändert werden muss, ist die Form selbst, nicht das Spiegelbild. Die "Form" besteht in der Ausrichtung und dem Wesen der menschlichen Gedanken. Um aus Wünschen Wirklichkeit werden zu lassen, brauchen wir unsere Wünsche nur ein wenig zu wandeln. Wir müssen wissen, wie wir mit dem dualen Spiegel umzugehen haben. Und das werden Sie bald erfahren.

Dazu müssen Sie allerdings zunächst den Monolithen des "gesunden Menschenverstands", der diese Bezeichnung eigentlich gar nicht verdient hat, gründlich ins Wanken bringen. Wenn wir die beiden Seiten der Realität - die physische und die metaphysische - miteinander vereinen wollen, werden die alten Stereotype unweigerlich vom Sockel gestürzt; dafür wird unser Weltbild immer mehr aufklaren. Der Dualismus scheint ein untrennbarer Bestandteil unserer Realität zu sein. Zum Beispiel ist die Seele mit dem Variantenraum verbunden, der Verstand mit der materiellen Welt. Die innere Absicht hat einen Bezug zur materiellen Wirklichkeit, die äußere zu den virtuellen Sektoren des Variantenraums.

Wenn sich auf der Oberfläche des Spiegels diese beiden Aspekte der Realität berühren, kommt es zu Phänomenen, die gewöhnlich den “paranormalen” oder unerklärlichen Erscheinungen zugerechnet werden. Ein anschauliches Beispiel einer solchen Berührung der beiden Gesichter der Realität ist der Welle-Teilchen-Dualismus, bei dem sich ein Objekt der Quantenwelt mal als Welle und mal als Teilchen verhält. Die Entstehung und Vernichtung von Mikropartikeln im Vakuum ist ein weiteres Beispiel des Grenzzustandes, in dem die Realität zwischen physischer und metaphysischer Erscheinungsform hin und her schwankt.

Das seltsamste Beispiel jedoch sind wir selber, die Lebewesen, die in sich selbst gleichzeitig Geist und Materie vereinen. Wir leben gleichsam auf der Oberfläche eines gigantischen Spiegels, auf dessen einer Seite sich unser materielles Universum befindet, während sich auf der anderen Seite die Unendlichkeit des Variantenraums erstreckt.

Da wir uns in einer solch einzigartigen Lage befinden, wäre es, gelinde gesagt, kurzsichtig, würden wir uns nur im Rahmen der herkömmlichen Weltauffassung bewegen und die eine Seite - die der physischen Realität - beachten. Sie werden erfahren, wie Sie mit dem dualen Spiegel umgehen müssen, um Dinge zu erreichen, die vorher unmöglich erschienen. Sie werden sich davon überzeugen, dass Ihre Möglichkeiten nur durch Ihre Absicht beschränkt sind.

Träumen mit offenen Augen

Wenn aus einer potenziellen Möglichkeit Wirklichkeit wird, entsteht auf der Oberfläche des dualen Spiegels ein symmetrisches Bild. Auf der einen Seite des Spiegels befindet sich ein Sektor des metaphysischen Variantenraumes und auf der anderen dessen materielle Realisierung. Dabei balancieren alle Lebewesen am Rande des Spiegels, da ihr Körper und Verstand zur materiellen Welt gehören, während ihre Seele untrennbar mit dem Variantenraum verbunden ist.

Wir sind von dort in dieses Leben gekommen und werden dorthin zurückkehren, hinter die Kulissen, um dann in neuem Kostüm wieder auf der Oberfläche des Spiegels zu erscheinen. In diesem Maskentheater wechseln die Schauspieler in einem nicht endenden Kreislauf die Rollen. Ist eine Rolle zu Ende gespielt, läuft der Mime kurz hinter die Kulissen, zieht sich um und tritt wieder in das Spiel ein, wobei er völlig vergessen hat, was während seines letzten Auftritts auf der Bühne geschehen ist. Er ist so sehr in seine Rolle vertieft, dass er jede Vorstellung davon verliert, wer er selbst ist. Manchmal aber fällt die Maske ab, und der Mensch erkennt erstaunt, dass dieses Leben durchaus nicht das erste ist.

Der amerikanische Psychiatrieprofessor Ian Stevenson sammelte mehr als 2500 offiziell registrierte Fälle von Erinnerungen an ein vergangenes Leben, wobei er hauptsächlich Kinder befragte. Ohne jede Hypnose beschrieben die Kleinen ihr Leben in einer fernen Vergangenheit und in anderen Ländern.

In seinen Büchern beschreibt Stevenson außerordentlich interessante Fakten. So findet man dort die Geschichte von Zwillingsbrüdern, die sich in einer unverständlichen Sprache miteinander unterhielten. Erst hielt man ihre Kommunikation für simples Lallen. So waren die Kinder fast drei Jahre alt, als es den Eltern endlich dämmerte, dass dem nicht so war. Sie brachten die Brüder zu Sprachforschern, die mit Erstaunen feststellten, dass sich die Kinder auf Altaramäisch unterhielten. Diese Sprache war zurzeit Christi weit verbreitet, wird aber heute nicht mehr gesprochen.

Ein jugoslawisches Mädchen wurde einmal krank und verlor für einige Zeit das Bewusstsein. Als sie wieder zur Besinnung kam, erkannte sie ihre Umgebung nicht wieder und redete in einer fremden Sprache. Spezialisten stellten fest, dass es sich dabei um eine bengalische Mundart handelte. Das Kind bat darum, in ihre Heimat gebracht zu werden, nach Indien. Als sie in die von ihr genannte Stadt gebracht wurde, erkannte sie ihr eigenes Haus wieder, und es zeigte sich, dass ihre Eltern wie auch "sie selbst" seit langem tot waren.

Es gibt viele ähnliche Vorfälle mit Kindern, aber auch bei Erwachsenen kommt hin und wieder so etwas vor. Eine 27-jährige Frau, die mit ihrem Mann durch Deutschland reiste, stellte überrascht fest, dass sie dort ihre Heimat erkannte, obwohl sie niemals in Deutschland gewesen war. Sie fand sogar ihr Wohnhaus und erinnerte sich an die Namen ihrer Eltern und Brüder. In einer Kneipe vor Ort erkannte sie einen alten Mann, der ihrer Familie nahe gestanden hatte und von einem tragischen Unfall erzählte, als ein Pferd mit den Hufen ausschlug und dabei das Töchterchen der Familie tötete. Die Frau wusste alle möglichen Details zu ergänzen.

In seinem Buch *Leben wir einmal oder mehrmals?* Beschreibt Anjei Donimirski die Experimente des englischen Psychiaters Arnold Blacksmam, der seine Patienten durch Hypnose dazu brachte, in vergangene Leben zu reisen. Eine seiner Patientinnen hat ausführlich von sechs früheren Verkörperungen berichtet. In ihrer ersten Inkarnation war sie die Frau eines römischen Statthalters in England gewesen, dann die Frau eines jüdischen Wucherers, Bedienstete in einem Pariser Kaufhaus, Edeldame eines spanischen Infanten in Kastilien, Schneiderin in London und Ordensschwester in einem amerikanischen Bundesstaat. Und das alles während zweier Jahrtausende. Die Daten und Ereignisse wurden von Historikern sorgfältig geprüft, und alles wurde bestätigt.

Angesichts all dieser Fakten lässt sich die Realität der Reinkarnation schon fast nicht mehr bezweifeln. Verwirrend ist nur ein Umstand: Warum sind Erinnerungen an vergangene Leben nur bei einer relativ kleinen Anzahl von Menschen zu beobachten? Hauptsächlich kommt dieses Phänomen bei Kleinkindern vor, und mit der Zeit schwinden solche Dinge aus dem Gedächtnis.

In Wahrheit werden die Erinnerungen jedoch nicht gelöscht, vielmehr wird nur die Bewusstheit des Menschen blockiert. Jeder kann sich an seine zurückliegenden Verkörperungen erinnern, sobald er in diesem Leben aufwacht, das einem Traum mit offenen Augen gleicht. Ein Kind ist bis zum Alter von vier Jahren nicht in der Lage, Traum und Realität zu unterscheiden. Vielleicht erinnert es sich an vorige Leben, doch es ist ihm nicht erlaubt, sich dessen bewusst zu sein, weil ihm eine "vernünftige" Weltanschauung aufgedrängt wird.

Außerdem kann sich der Mensch nicht an sein eigenes Leben vor dem fünften Lebensjahr erinnern. Was denken Sie wohl, wieso? Weil das Kind "dumm" ist und sich noch nicht selbst begreift? Nein, das ist ein großer Irrtum. In Wahrheit ist die Bewusstheit bei Kindern viel mehr entwickelt als bei Erwachsenen. Im Gegenteil, die Erwachsenen tauchen in einen unbewussten Traum ein, und daher erinnern sie sich weder an ihre vorherigen Leben noch an ihre frühe Kindheit. Wir wollen nun untersuchen, wie das geschieht.

Wenn die Seele im neuen Körper zum Leben erwacht, wird sie vom Verstand in den Hintergrund gedrängt. Was aber ist der Verstand? Im Augenblick der Geburt ist er ein weißes Blatt Papier, auf das man alles Mögliche schreiben kann. Von Beginn des Lebens an wird auf dieses Blatt eine Schablone gezeichnet, gemäß derer der Mensch sich selbst und die ihn umgebende Welt wahrnimmt. Und je klarer diese Schablone gezeichnet ist, desto größer ist die Kluft zwischen Seele und Verstand. *Der Mensch erkennt die Realität so, wie es ihm beigebracht wird.*

Die Bewusstheit lässt sich in zwei Ebenen einteilen: Aufmerksamkeit und Wahrnehmung. Direkt nach der Geburt ist die Wahrnehmung durch nichts verschleiert. Dem Kind stehen die Fähigkeiten des intuitiven Wissens und der Hellsichtigkeit zur freien Verfügung. Mit anderen Worten, es hat direkten Zugriff auf Informationen aus dem Variantenraum und nimmt die Welt so wahr, wie sie ist.

Doch die "träumenden" Erwachsenen knöpfen sich das Neugeborene sogleich vor und drängen es in den engen Rahmen des Traums hinein, den sie für ihre bewusste Realität halten. Dies geschieht durch Einschränkung der Freiheit und mithilfe der Fokussierung der Aufmerksamkeit. Sie zwingen das Kind, seine Aufmerksamkeit auf die Aspekte der materiellen Wirklichkeit zu konzentrieren. "Sieh nur hierher! Höre auf mich! Tu das nicht!" Wird die Aufmerksamkeit so vereinnahmt, verringert sich die Bewusstheit drastisch, und der Mensch driftet in einen Zustand ab, der sich kaum von einem unbewussten Traum unterscheidet.

In der Tat, wenn die Aufmerksamkeit auf den engen Gesichtskreis der direkten Umgebung beschränkt ist, geht der Mensch gewissermaßen gesenkten Hauptes durch die Welt und verliert die Umsicht. Die Schablone der Weltanschauung zwängt ihn in das Prokrustesbett der Stereotype, die festlegen, "wie alles zu sein hat". Im unbewussten Traum erreicht diese Fixierung der Aufmerksamkeit und Wahrnehmung ihr Höchstmaß. Der Mensch akzeptiert die Situation, wie sie ist, und meint, in all seiner Hilflosigkeit den Lauf der Dinge nicht beeinflussen zu können. Als Folge hiervon gerät der Träumende völlig in die Macht der Umstände; sein Traum findet einfach statt, ohne dass er etwas daran ändern kann. Das Drehbuch entwickelt sich spontan, gemäß seinen Befürchtungen und Erwartungen. Seine Erwartungen und Gedanken fließen ungesteuert vor sich hin.

Im bewussten Traum liegt das Bewusstheitsniveau schon etwas höher, und der Träumer kann mit Willenskraft den Lauf der Dinge beeinflussen. Sobald es ihm in den Sinn kommt, dass alles nur ein Traum ist, entfalten sich bei ihm seltsame Fähigkeiten. Im bewussten Traum gibt es nichts Unerfüllbares - man kann die Ereignisse steuern und unglaubliche Dinge tun, wie zum Beispiel fliegen. Und das alles, weil die Aufmerksamkeit und die Wahrnehmung von ihrer Fixierung befreit wurden. Der Mensch hat gewissermaßen den Kopf gehoben und ist sich seiner Lage bewusst geworden.

Im Wachzustand ist das Niveau der Bewusstheit seltsamerweise wieder geringer. Die Gedanken der Menschen entwickeln sich meist spontan und springen von einem Thema zum anderen. Wenn einen Menschen etwas ärgert oder bedrückt, vereinnahmt dies gewöhnlich sein gesamtes Bewusstsein und lässt ihm keine Ruhe. Es ist sehr schwer, den Lauf solcher Gedanken zu überwachen. Schlimme Erwartungen und negative Reaktionen bilden seine Realität, unabhängig von seinem Willen. Seine Wahrnehmung und Aufmerksamkeit werden durch Probleme sowie durch bedrückende Gedanken und Umstände fixiert. Als Folge davon taucht der Mensch in seine Sorgen ein wie in einen Traum mit offenen Augen. So wird er "erwachsen".

Der Erwachsene hält Kinder für unvernünftig, weil sie sich nicht in seinen Traum einfügen. Natürlich muss man einem Kind beibringen, wie es in den für es neuen Umständen existieren kann. Dabei ergibt sich jedoch ein unvermeidliches Paradox: Je besser die Regeln des Verhaltens in der materiellen Welt befolgt werden, desto tiefer fällt das Bewusstheitsniveau, was wiederum den Verlust der Fähigkeit nach sich zieht, den Lauf der Dinge zu beeinflussen und die metaphysische Seite der Realität wahrzunehmen.

Die Erwachsenen werden zu Gefangenen ihrer Spiele und damit auch der Umstände, sobald sie beginnen, sie ernst zu nehmen und in die

Welt der Sorgen einzutauchen. Das Kind ist der mit allen Machtbefugnissen ausgestattete Herr seines Spiels. Seine Bewusstheit ist höher, weil es sich zu jeder Zeit erinnert, dass alles nur ein Spiel ist. Aus diesem Grunde nimmt es sich selbst auch nicht so wichtig und handelt mit Abstand, wie ein Zuschauer.

Für die Erwachsenen ist das Spielen vorbei - der "Ernst des Lebens" hat begonnen. Einerseits stimmt das ja, aber diese Einstellung wandelt die Existenz in einen unbewussten Traum mit offenen Augen um. Natürlich ist dem Betreffenden klar, dass er nicht schläft, sondern wach ist. Aber was ändert das? Seine Wünsche und Träume gehen nicht in Erfüllung, dafür werden seine schlimmsten Erwartungen wahr, wie zum Trotz. Sein Leben läuft wie von selbst ab, wie es gerade kommt, aber nicht, wie er es sich wünscht. Folglich ist der Mensch im bewussten Traum der Herr seiner Realität, im Wachzustand aber ist er hilflos. Alles ist relativ.

Die Fähigkeit zur Steuerung des Traums ist die Folge der Erkenntnis, dass man eigentlich schläft. Auf dieser Bewusstseinsstufe hat der Mensch eine echte Stütze - die Realität, in die er nach dem Erwachen zurückkehren kann. Die irdische Realität hingegen gleicht einem unbewussten Traum - das Leben "läuft ab". Der Mensch erinnert sich nicht an seine vergangenen Leben und hat keine Stütze, mit deren Hilfe er auf eine höhere Erkenntnisstufe steigen kann.

Im bewussten Traum erinnern Sie sich, wer Sie sind: derjenige, der den Traum sieht. Sie wissen, dass nach dem Erwachen alle Visionen verpuffen werden. Sie haben aber auch die Möglichkeit, absichtlich im Traum zu bleiben und seinen Verlauf zu steuern. Solange Sie sich aber nicht im Klaren darüber sind, dass Sie träumen, und sich nicht an Ihre Stütze erinnern, sind Sie vollständig in der Gewalt des Traums. Sie befinden sich, je nach den Umständen, im Futteral der Bedingtheit.

Die Realität unterscheidet sich vom Traum dadurch, dass Sie immer wieder in sie zurückkehren. Um zu bestimmen, ob Sie sich in einem Traum oder in der Realität befinden, müssen Sie zunächst eine Ermessensgrundlage wählen, einen Ausgangspunkt, denn Traum und Realität sind relativ. Gemessen an der Realität, sind Träume unwirklich. Doch woran gemessen ist die Realität unwirklich? Wo beginnt für Sie die Realität?

Wenn Sie sterben, kehren Sie zum ursprünglichen Punkt zurück, wo für Sie die Realität beginnt. Doch mit jeder Geburt vergessen Sie Ihren Ausgangspunkt und tauchen in einen neuen Traum, in ein neues Leben ein. Würden Sie sich erinnern, wer Sie in Wahrheit sind, dann würden Sie auch erkennen, dass Sie in der Lage sind, diesen Ihren Traum - Ihr Leben - zu steuern.

Das ist gar nicht so leicht, wie es sich anhören mag. Die Schwierigkeit liegt darin, dass Sie zuerst die Schablone Ihres Weltbildes ersetzen müssen. Das ist eine im Verstand vorgeprägte Schablone, die sich keineswegs löschen oder korrigieren lässt. Man kann nur eine neue, zusätzliche Schablone erschaffen, doch dafür muss man vor allem den Verstand von der alten lösen. Der Verstand löst sich von seiner Schablone in einem geänderten Bewusstseinszustand, welcher im Traum oder durch die Einwirkung von Drogen einsetzt.

Im normalen Bewusstseinszustand sind Seele und Verstand synchron auf den gerade realisierten Sektor des Variantenraums abgestimmt. Der Verstand beobachtet die materielle Realität, als blicke er durch ein Fenster. Im Alkohol- oder Drogenrausch lässt der Verstand seine Kontrolle los, die Synchronizität wird durchbrochen, und die Seele driftet in eine unmanifestierte Region des Variantenraums ab. Daraufhin nimmt der Mensch, der sich in der Realität befindet, diese ganz anders wahr, je nach Heftigkeit des Rauschs.

Um es einfach zu sagen: Ein Betrunkener kann ein ihm wohlbekanntes Haus oder eine Straße in veränderter Erscheinungsform sehen, wie es auch im Traum geschehen kann. Sein Verstand betrachtet das aus einem nahe gelegenen, unmanifestierten Raumsektor stammende Phänomen, wo das Bühnenbild schon nicht mehr das gleiche ist. Dort kann alles Mögliche anders sein. Zum Beispiel kann es sein, dass er die Tür nicht findet, weil sie nicht am gewohnten Ort ist. Die Wohnungseinrichtung kann einen schrecklichen Eindruck machen, wie bei einer Totalrenovierung, sodass man sie fast nicht mehr erkennt. Selbst Bekannte können ganz anders aussehen. In der Realität bleibt alles wie gehabt, aber der Betreffende sieht unwirkliche Bühnenbilder, weil seine Wahrnehmung auf einen anderen Sektor des Variantenraums ausgerichtet ist.

Im unbewussten Traum wird die Kontrollfunktion des Verstandes noch schwächer, wobei es vorkommt, dass die Seele in sehr weit entfernte Sektoren fliegt, wo es unvorstellbare Drehbücher und Bühnenbilder gibt. Dort ist alles möglich – vom himmlischen Paradies bis hin zu einer Hölle, die den Teufel mit seinen Kupferkesseln wie ein Sanatorium erscheinen lässt. Der Träumende kann sich in einer technogenen Welt voller rasselnder, klappernder Maschinen wiederfinden. Oder er gerät in eine Welt, die an einen Schlachthof erinnert, wo es nichts zu sehen gibt als Dreck und verwesendes Fleisch. Man kann sich auch plötzlich in einer unbekannten Stadt sehen, wo einem nichts anderes übrigbleibt, als durch die fremden Straßen zu schlendern, ohne zu wissen wohin. Die Menschen in einem solchen Traum können in jeder Hinsicht anormal sein und die Tiere tollwütig.

Beim Erwachen aus einem solchen Traum erfährt der Mensch eine unvergleichliche Erleichterung: Ach Gott, was für ein Glück, dass alles nur ein Traum war! Ja, es war ein Traum, aber keine Illusion im herkömmlichen Sinne, sondern eine unmanifestierte metaphysische Realität. Und das Schlimmste dabei ist, dass all die virtuellen Wesen den Träumenden sehen und mit ihm tun können, was ihnen gefällt, gemäß seinen Befürchtungen und Erwartungen. Gnade uns Gott, dass wir nie in einer solchen Realität steckenbleiben!

Übrigens haben auch Kosmonauten, die sich auf einer Erdumlaufbahn befinden, sehr unirdische Träume. So schreibt zum Beispiel Gennady Strekalow in seinen veröffentlichten Tagebüchern: "Du bekommst da oben manchmal seltsame Träume. Das ist ganz schön überraschend, weil sich kein Grund dafür finden lässt. Entweder verursacht das Gehirn, das nichts anderes ist als ein hochkomplizierter Computer, Störungen aufgrund von Müdigkeit, oder aber es empfängt Informationen von außen, aus dem kosmischen Informationsfeld, wo alles aufgezeichnet und auf ewig gespeichert ist." Nach solchen Träumen, die ihren Ursprung nicht im gewöhnlichen menschlichen Bewusstsein haben können, dürfte das Modell des Variantenraums den Kosmonauten kaum mehr verwundern.

Die menschliche Wahrnehmung wird in den Büchern von Carlos Castaneda und Theun Mares sehr gut thematisiert. Sie beschreiben, wie sie sich die Tolteken, die letzten Zuwanderer aus Atlantis, vorstellten. Nach ihren Lehren ist der Mensch von einem strahlenden energetischen Kokon umgeben, der aus einer Vielzahl von Fasern besteht. Etwa in der Höhe der Schulterblätter laufen alle Fasern in einem gemeinsamen Brennpunkt zusammen, dem so genannten Montagepunkt. Die Position des Montagepunkts bestimmt die Ausrichtung der Wahrnehmung.

Wenn wir nun dieses Modell mit dem des Transsurfings vereinen, so ergibt sich, dass der Mensch bei einer normalen Position des Montagepunkts die alltägliche Realität wahrnimmt. In diesem Fall stimmt die realisierte Wirklichkeit mit dem entsprechenden Sektor des Variantenraumes überein. Verschiebt sich der Punkt seitwärts, dann gerät die Synchronisierung aus dem Lot, und der Mensch kann unmanifestierte Regionen wahrnehmen. Bei gewöhnlichen Menschen ist der Montagepunkt festgelegt. Geht diese Fixierung aus irgendwelchen Gründen verloren und beginnt der Punkt zu "wandern", dann erlangt der Betreffende hellsichtige Fähigkeiten. Natürlich werden auch die Träume durch eine Verschiebung des Montagepunkts beeinflusst. Wichtig ist hierbei, dass der Wahrnehmungsfokus nach der Verschiebung wieder zum Ausgangsort zurückkehrt. Ansonsten, wenn er in der unnatürlichen Position steckenbleibt, wird die Psyche vom Wahnsinn befallen.

Wer es versteht, seinen Montagepunkt absichtlich zu verschieben, kann die Realität steuern wie einen bewussten Traum. Diese Fähigkeit entwickelt sich von selbst, wenn man sich einen Stützpunkt in der

Realität schafft, das heißt, wenn man seine wahre Identität erkennt. Das ist durchaus keine leichte Aufgabe. Bekannte Persönlichkeiten, die Erleuchtung erlangt haben, lassen sich an einer Hand abzählen. Erleuchtung ist etwa so, als wenn man durch die engen Gassen einer unbekannten Stadt irrt, dann aber zum Himmel aufsteigt und von dort, aus der Vogelperspektive, den Weg zum Ziel problemlos erkennt.

Transsurfing wird Sie nicht auf die Höhe des Vogelflugs erheben, aber Sie werden eine Reiseroute kennen lernen, nach der Sie sich mit geschlossenen Augen bewegen können. Um im Traum aufzuwachen, brauchen Sie einen Ausgangspunkt. Dass Sie träumen, verstehen Sie dann, wenn Sie sich erinnern, dass es eine andere, eine echte Realität gibt. Als Ausgangspunkt kann Ihnen das Wissen dienen, dass es im Leben möglich ist, auf der Leiter des Bewusstseins voranzukommen, und mögen es auch nur ein paar Sprossen sein - schon das ist nicht wenig.

Sie gehen eine Straße entlang, oder Sie sprechen mit jemandem, oder Sie beschäftigen sich mit alltäglichen Dingen. Wachen Sie auf! Schauen Sie sich um, und betrachten Sie ganz nüchtern die Geschehnisse. Sie können kraft Ihrer Absicht Ihre Welt in die richtigen Bahnen lenken. Sie können Ihre Realität steuern. Das wird nicht so sein wie im Traum, wenn sich Ihr Drehbuch ganz plastisch ändert und sich schon einer ganz geringen Willensregung anpasst. Die materielle Realität ist zwar zäh wie Harz, aber sie lässt sich steuern, wenn Sie die Prinzipien des Transsurfings beachten. Und das Erste, was Sie tun müssen, ist aufzuwachen.

Erkennen Sie die Realität als Traum. Nur im bewussten Traum sind Sie tatsächlich Herr der Lage. Wenn Sie im Wachzustand träumen, werden Sie, anstatt Herr der Lage zu sein, in einen Kampf mit den Pendeln verwickelt. *Steigen Sie herab in den Zuschauerraum, und beobachten Sie das Geschehen. Handeln Sie gelassen, und bleiben Sie Zuschauer.*

Um das Niveau Ihrer Bewusstheit aufrechtzuerhalten, sollten Sie ständig die Ausrichtung Ihres Gedankenstroms überwachen. Wenn Sie sich das zur Gewohnheit machen, geht es wie von selbst, ohne Anstrengung. Denn sobald Sie in Ihrem Traum erwacht sind, brauchen Sie sich nicht mehr um das Wissen zu bemühen, dass es nur ein Traum ist. Genauso können Sie auch die Ausrichtung Ihrer Gedanken im Wachzustand erlernen. Aber dafür müssen Sie sich zunächst systematisch zwingen "aufzuwachen" und sich dies zur Gewohnheit zu machen.

Wenn Sie sich im Wachzustand erinnern, dass Sie mit Abstand handeln müssen, steigen Sie bewusst entweder von der Bühne in den Zuschauerraum hinab, oder Sie bleiben als mitspielender Zuschauer auf der Bühne. Dann sind Sie bereits auf halbem Wege zur Bewusstheit, die ausreichend ist, um die restlichen Prinzipien des Transsurfings zu erfüllen, die Ihnen bereits aus den vorhergehenden Bänden bekannt sind: *das Senken der eigenen Wichtignahme, die Bewegung mit dem Variantenstrom und die Koordination.* Diese Prinzipien ermöglichen es Ihnen, sich blind im Labyrinth der Lebenslagen zurechtzufinden und alle möglichen Unannehmlichkeiten zu vermeiden. Und im weiteren Verlauf des Buches werden Sie das nächste Instrument zur Realitätssteuerung kennen lernen: den dualen Spiegel.

Zum Abschluss dieses Themas bliebe noch eine Frage: Wenn es irgendwo im Variantenraum einen Ankerpunkt vor dem folgenden Leben gibt, der es uns ermöglicht, die Realität für einen Traum zu halten, was ist dann wiederum der Ursprung jenes Ankerpunkts? Offenbar Gott. *Die Seele jedes Lebewesens ist ein Teil Gottes. Und jedes Leben ist Sein Traum.* Dann könnte man weiter fragen: Hat auch Gott einen Ursprung?

Mögen sich diejenigen mit dieser Frage abquälen, die von Hoffnung leben. Mit ähnlichem Erfolg könnte man sich fragen: Gibt es noch etwas jenseits des Universums? Das wissen wir ebenso wenig, wie Schmetterlinge in Afrika wissen, dass es einen Kontinent Amerika gibt und dass dort auch Blumen wachsen. Ist unsere Welt etwa nicht schön genug? Warum sollte man ihr alle möglichen Erklärungen abverlangen? Es reicht doch, den Nektar der Blumen in unserer Reichweite zu genießen.

Gotteskinder

Seit langem schon gibt es die fest verankerte Gewohnheit, gottesfürchtigen Bürgern ausschließlich positive Eigenschaften zuzuschreiben, Gottlose hingegen aller möglichen Sünden zu bezichtigen. Genauer gesagt haben die frommen Bürger selbst dieses Stereotyp in die Welt gesetzt - nicht nur für sich selbst, sondern für alle Menschen, als eine Art Blankoscheck für ihre eigene Schuldlosigkeit. Währenddessen begingen sie im Namen Gottes ungeheuerliche Verbrechen, auf der Grundlage ihres angeblich gottgewollten Zieles - der Verfolgung Andersdenkender. Man kann also keineswegs behaupten, dass Glaube den Menschen gerecht macht.

Woraus speist sich die unglaubliche Überzeugung der Anhänger von Religionen, unfehlbar zu sein - genauer gesagt: gerecht; sogar Atheisten sind geneigt, ihnen Achtung zu zollen! Man könnte diese Auffassung so umreißen: Wir glauben, wir gehen zur Kirche und beten; folglich sind wir der Mittelpunkt aller Spiritualität und Erleuchtung. Ihr aber seid gottlos und versumpft daher im Sündenpfuhl. Wir haben Recht und ihr Unrecht.

Als Quelle ihrer Überzeugung dient ihnen der Halt, den sie im Pendel der Religion finden. Hier gibt es alles: Vertrauen in die Barmherzigkeit Gottes, Vergebung der Sünden, Befreiung vom Gefühl der Schuld und Buße, Glaube an das Reich Gottes, Hoffnung auf göttlichen Beistand und die Empfindung der Einheit mit den Glaubensgenossen.

Die Atheisten haben es da wesentlich schwerer: Sie können nur auf ihre eigenen Kräfte zählen, und sie haben keine Gelegenheit, ihre Schuld zu entsorgen.

Doch warum streben eigentlich Menschen nach Gott, die sich von vornherein für gerecht halten? In vielen Fällen ist es nicht Liebe, die die Gläubigen zu Ihm führt, sondern das Gefühl der Angst und Unsicherheit. Es gibt Menschen, die meinen, sie verlangten aus ganzer Seele nach Gott, doch das ist Illusion. In Wahrheit versuchen sie, vor ihrem Ego wegzulaufen. Im Ego ist keineswegs etwas Schlechtes zu sehen, und es verursacht auch keine Störungen, solange wir es nicht drangsalieren. Das Ego wird durch ein Abhängigkeitsverhältnis bewirkt, wenn wir uns mit anderen vergleichen und entdecken, dass wir bei Weitem nicht vollkommen sind.

Das einzige Bestreben des Egos ist die Bestätigung der eigenen Bedeutung. Bekommt es diese Bestätigung nicht, ist es beleidigt, und der Betreffende spürt seelisches Unbehagen, dem er zu entgehen wünscht. Doch wie soll er das tun? Wenn es mit der Erhöhung der Bedeutung nicht klappt, hat er nur zwei Möglichkeiten: entweder die Zügel loszulassen und dem Ego den freien Galopp zu erlauben oder das Ego abzuwürgen. Auf ersterem Weg wird man zum Egoisten, auf letzterem zum Altruisten.

Nicht selten entscheidet sich jemand aufgrund der unbequemen Gegenwart des Egos zu einem verzweifelten Schritt: Er beginnt, sich selbst zu verneinen. Er verkündet dem Ego, dass es schlecht sei, sich selbst zu lieben; besser sei es, andere zu lieben. Der Mensch kehrt seiner Seele den Rücken zu und wendet sich an Gott oder an die

Menschen, um Ihm oder wem auch immer sein Leben zu widmen, wenn er nur einen Halt findet. Es geschieht aber auch das Gegenteil, wobei das Ego in Aggression verfällt. Das Ergebnis sind Verbrecher, Betrüger, Zyniker usw. Sowohl die Frömmler wie auch die Bösewichte sind ein Erzeugnis des Egos, nur mit entgegengesetzter Polarität.

Sie mögen jetzt denken, indem Sie sich Gott zuwenden, entgingen Sie dem Ego. Das Paradoxe ist jedoch, dass gerade das Ego Sie zu Ihm treibt. Allerdings ist Gott nicht außerhalb, sondern innerhalb von Ihnen! Ein Teilchen Gottes ist in jedem Lebewesen, und so lenkt Er die ganze Welt. Das Ego betet irgendein abstraktes Symbol an, doch von seiner eigenen Seele, also vom echten Gott, wendet es sich ab. Christus, Mohammed, Buddha und Krishna sind die höchsten Manifestationen Gottes. Die gewöhnliche Seele ist ebenfalls eine solche Manifestation, wenn auch nicht von gleichem Kaliber. Folglich betet eine Manifestation Gottes eine andere an. Was soll das bringen?

Das Streben nach Gott mit dem Ziel der Befreiung vom eigenen Ego ist der Weg der internen Wichtignahme. Die interne Wichtignahme kommt immer dann ins Spiel, wenn Sie sich einem fremden Gericht übergeben. Die Rückkehr zu sich selbst ohne Rücksicht auf andere ist der wahre Weg zu Gott. Wenn ich mich von der Notwendigkeit befreie, mich nach der Meinung anderer zu richten, ruhe ich in mir selbst, mein Ego löst sich auf, und übrig bleibt eine ganzheitliche Persönlichkeit. Hören Sie nicht auf Leute, die Sie dazu aufrufen, sich zu ändern und bestimmten Normen anzupassen. Diese Leute werden Sie dazu treiben, jemand anders zu werden, sich von Ihrer Seele abzuwenden und der Regel des Pendels zu folgen: "Mach's wie ich!"

Wenden Sie sich sich selbst zu, akzeptieren Sie sich, wie Sie sind. Gestatten Sie sich, Sie selbst zu sein, und nehmen Sie sich das Recht, im Recht zu sein. Sich dem Dienst an einem abstrakten Gott zu widmen bedeutet, sich von der eigenen Seele abzuwenden. Das ist nichts anderes als die Abhängigkeit vom Pendel der Religion.

Dies ist die Theosophie des Transsurfings, die sich übrigens niemandem aufdrängt. Ich verkünde keine absoluten Wahrheiten, sondern versuche nur, bestimmte Gesetzmäßigkeiten darzulegen. Es steht jedem frei, seine eigenen Schlüsse zu ziehen.

Freilich werden solche Überlegungen den Religionsanhängern nicht schmecken - wobei man unter ihnen durchaus Leute mit unterschiedlichen Auffassungen finden kann. Übereifrige Anhänger des Religionspendels unterscheiden sich von echten Priestern durch die üble Angewohnheit, allen anderen Menschen ihre Dogmen vorzuhalten. Durch solch aggressives Drängen offenbart man sich sogleich als Anhänger eines Pendels. Zum Glück sind die Zeiten passé, als die Pendelianer Andersdenkende auf dem Scheiterhaufen verbrennen konnten. Aber es gibt immer noch genügend Zwistigkeiten auf religiöser Grundlage, und es ist kein Ende in Sicht, da niemand das erste Gesetz des Pendels aufheben wird.

Religion ist eigentlich die Kommunikation mit Gott durch einen Vermittler. Bei den Ritualen der Taufe, der kirchlichen Trauung und der Beerdigung kommt man ohne Priester nicht aus. Das müsste aber gar nicht so sein. Oder wird Gott Sein Kind etwa nicht akzeptieren, wenn es nicht rechtzeitig getauft wurde? Wenn in jedem von uns ein Teilchen des Schöpfers ist, sind wir dann nicht alle Seine Kinder?

Und brauchen wir einen Vermittler in der Beziehung zu Vater und Mutter? Jeder beantworte diese Frage für sich.

Die Religion stellt in Beziehung zu ihren Anhängern ein besonders rigoroses Pendel dar und ruft sie zum Verzicht auf weltliche Güter auf. Spirituelle Pfade sind gewöhnlich mit einer asketischen Lebensweise verbunden. Was "Erleuchtung" betrifft, so herrscht die Meinung, dass ein Mensch, der den Gipfel spiritueller Vollkommenheit erreicht habe, das Interesse an allem Irdischen verliere. Fallen Sie darauf nicht herein. Jeder darf und sollte sich für seinen eigenen materiellen Wohlstand und Komfort interessieren. Tut er das nicht, so zeigt das nur, dass er irgendeiner Idee verfallen ist. Diese Idee ist höchstwahrscheinlich einem religiösen, philosophischen oder wie auch immer gearteten "geistigen" Pendel zuzuordnen.

Gemäß ihrem zweiten Gesetz sind die Pendel bestrebt, ihre Anhänger zu zwingen, alle ihre Interessen der Struktur zu widmen. Wer diesen Köder schluckt, hört tatsächlich auf, sich für andere Dinge zu interessieren. Er kann sogar der Illusion unterliegen, dass er sich ausschließlich mit seiner Seele beschäftige oder sich "im Gespräch mit Gott" befinde. In Wahrheit ist die Seele eines solchen "Erleuchteten" fest ins Futteral eingeschlossen und kann ihre Bedürfnisse nicht zum Ausdruck bringen.

Warum ist die Seele in die materielle Welt gekommen? Um sich auf das Leben im Himmel vorzubereiten? Blanker Unsinn! Wenn die Seele ursprünglich aus dem Himmel in diese Welt gekommen ist, warum sollte sie sich dann wieder auf das himmlische Leben vorbereiten? Und ist das hier, auf Erden, eigentlich möglich? Das irdische

Leben ist für die Seele eine einzigartige Chance. Sie ist gerade deshalb aus der spirituellen Welt hierhergekommen, um die ganze Anmut der materiellen Welt zu erkennen. In die spirituelle Welt kann die Seele immer noch gehen. Welchen Sinn soll es ergeben, ihr alles zu entziehen, was diese wunderbare, prächtige Welt, in der es so viele bemerkenswerte Versuchungen gibt, anzubieten hat?

Indem Sie sich ständig Gott hingeben, entfremden Sie sich eigentlich nur von Ihm. Der Schöpfer kreiert durch Seine Verkörperungen, die Lebewesen, eine Vielfalt von Realitätsebenen. Es ist Gottes Absicht, alle Formen der Realität, die Er erschafft, zu erfahren. Zu genau diesem Zweck schickt Er Seine Kinder in die materielle Welt. Gott hat Ihnen die Freiheit des Handelns gegeben - genießen Sie also diese Freiheit! Es ist nicht nötig, sich in einer Klause abzukapseln und sich stundenlang ins Gebet zu vertiefen. Durch so etwas dient man Gott nicht, im Gegenteil, man entzieht Ihm die Freude, die durch ein vollwertiges Leben zu erlangen ist. Das wäre das Gleiche, als würde man seinem Kind nicht erlauben, draußen zu spielen, sondern es zwingen, in der Stube zu hocken und zu büffeln.

Die Anhänger der Religionspendel werden versuchen, Ihnen einzureden, dass Sie ganz klein und unbedeutend sind, während Gott allmächtig ist. Für die Struktur sind Ihre Freiheit und Kraft unvorteilhaft - sie braucht Rädchen im Getriebe. Was die Versklavung des menschlichen Willens betrifft, so sind die Pendel in ihren Plänen bereits sehr weit gekommen. Man sollte sich fragen, wie groß der Einfluss der Pendel sein müsste, dass die Kinder Gottes jede Vorstellung von ihrer eigenen Macht verlieren.

Der Mensch ist ursprünglich mit der Macht ausgestattet, durch die Manifestation potenzieller Varianten aus dem metaphysischen Raum seine eigene Schicht der Welt zu formen. Es ist den Pendeln aber nicht nur gelungen, die Erinnerung des Menschen an seine eigenen Fähigkeiten zu löschen, sondern auch den Sinn des menschlichen Lebens auf den Kopf zu stellen, indem sie den *Dienst* an Gott mit Seiner *Anbetung* vertauscht haben.

Gott braucht keine Anbetung. Oder brauchen Sie etwa die Anbetung Ihrer Kinder? Wahrscheinlich würden Sie in ihnen lieber gute Freunde sehen. *In Wahrheit besteht das Lebensziel wie auch der Dienst an Gott darin, Gottes Mitschöpfer zu werden.*

Viele Leute denken, der Glaube an Gott sei alles, was von ihnen gefordert sei. Sie glauben an Seine Existenz und Macht. Verstehen aber tun sie Ihn eigentlich nicht - Er ist für sie ein abstrakter, unerreichbarer und nicht selten erschreckender Götze. Ihnen wurde beigebracht, dass sie Gott anbeten, die Gebote befolgen und sich durch ein gerechtes Leben auf etwas vorbereiten sollen, was niemand wirklich erklären kann.

Aber Glaube ist nicht Verstehen. Und Anbetung ist kein Gespräch mit Gott. *Die Sprache Gottes ist Schöpfung.* Diese Behauptung kann man entweder akzeptieren oder nicht; jedenfalls ist es sinnlos, über ein solches Thema zu streiten. Dies ist kein philosophisches Thema, sondern eine Frage der Wahl.

Indem Sie die Schicht Ihrer Welt, Ihre eigene Realität gestalten, kommunizieren Sie mit Gott. Wenn Sie sich über Ihre Schöpfung freuen, freut sich Gott mit Ihnen. Das ist wahrer Dienst an Ihm. Und der Glaube an Gott ist vor allem der Glaube an sich selbst und die eigenen Schöpferkräfte. In jedem Menschen steckt ein Teilchen des Schöpfers. Machen Sie Ihrem Vater eine Freude. In dem Maße, wie Sie an Ihre eigenen Fähigkeiten glauben, glauben Sie an Gott und verwirklichen so Seine Worte: "Nach eurem Glauben soll euch geschehen."

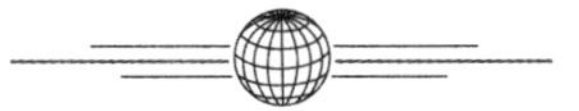

Das Traumtheater

Wie bereits zu Beginn des Buches erklärt wurde, besteht das ursprüngliche Motiv hinter dem Verhalten aller Lebewesen in dem Bedürfnis, zu einem gewissen Maße selbstständig über das eigene Leben zu verfügen. Jede zielgerichtete Tätigkeit kann im weitesten Sinne als Realitätssteuerung bezeichnet werden. Was auch immer im Leben oder allgemein in der Existenz einer beliebigen Entität geschieht, lässt sich letztlich auf ein und dasselbe Anliegen zurückführen: die umgebende Realität in einem gewissen Maße unter seine Kontrolle zu bringen.

Womit aber beschäftigt sich Gott? Die Antwort auf diese Frage ist offensichtlich und erfordert keine Beweisführung. Schöpfung und Realitätssteuerung sind Ziel und Zweck allen Lebens. Die leitende Funktion Gottes ist über alle Zweifel erhaben, die Frage ist nur, wie Er diese Funktion ausübt.

Seitdem die Religionspendel den Begriff Gott verfälscht haben, ist alles, was mit ihm verbunden ist, in seltsame Widersprüche und Geheimnisse gehüllt. Gott existiert tatsächlich, aber gleichzeitig hat Ihn noch niemand gesehen. Einerseits lenkt Gott die Welt, doch andererseits tritt Sein Wirken nicht offen zu Tage. Diese paradoxe Situation ermöglicht es den Pendeln, den Gottesbegriff zu drehen und zu wenden, wie es ihnen passt.

Wenn wir ins Detail gehen, sehen wir, dass der Hauptgrund für die Entstellung von Gottes wahrem Wesen in einer Reihe von Vertauschungen besteht, die von den Religionen vorgenommen wurden. So vertauschten sie das Dienen mit Anbetung, und die Offensichtlichkeit Seiner Existenz vertauschten sie mit dem blinden Glauben an Ihn. Sie haben den Menschen zur hilflosen Kreatur erklärt, die nichts ist im Vergleich zu Gottes Allmacht. Das göttliche Wesen des Menschen aber haben sie völlig zunichte gemacht, seine ursprüngliche Einheit mit dem Schöpfer zerrissen.

Auf diese Weise haben sie dem Menschen - gleich einem entführten Kind - die Verbindung zu seinem Vater entzogen und ihn gezwungen, seine Herkunft und auch seine Vorherbestimmung zu vergessen. Daraufhin hat der Mensch jedes Verständnis von seiner Fähigkeit und Macht verloren, als Mitschöpfer des höchsten Schöpfers zu wirken. Sie haben dem Sohn Gottes eingebläut, er könne nicht über sein eigenes Schicksal verfügen und sei verpflichtet, seinen Vater aus der Ferne zu verehren und wie einen Götzen anzubeten. Das Kind hat angeblich keine Fähigkeiten und keine Rechte; sein ganzes Leben liegt in den Händen seines despotischen Vaters, der nur unter der Bedingung Gnade walten lässt, wenn man sich ihm widerspruchslos und mit gesenktem Haupt unterwirft.

Indem der Mensch dem Einfluss der Pendel nachgab, hat er sich vom Dienst in Würde entfernt und ist in die *Sklaverei* geraten. Das gilt nicht nur für die Religionspendel - der Atheismus ist auch eine Art Religion, nur mit umgekehrtem Vorzeichen. Dabei wandelt sich der Glaube zunächst in Unwissenheit, die Unwissenheit in Negierung und die Negierung in aktive Ablehnung. Welche Weltanschauung der Mensch auch wählt, seine Lage bleibt im Wesentlichen die gleiche: Das Religionspendel gibt sein Schicksal in die Hände Gottes, und der Atheismus legt es in die Hände irgendeiner Vorsehung oder in die Macht der Umstände, mit denen man gewöhnlich kämpft.

In beiden Fällen gerät der Mensch in die wenig beneidenswerte Lage einer Marionette: Entweder du betest und wartest auf Gottes Gnade, oder aber du ziehst in den Kampf mit den Hindernissen, da es ja nichts in dieser Welt umsonst gibt. Und was der Mensch auch tut, wie er sich auch dreht und wendet, er bleibt in der Macht der Pendel und der Umstände, solange seine Handlungen nicht über den Rahmen der inneren Absicht hinausgehen. Wir bekommen immer das, was wir wählen. Wenn du denkst, es sei dein Los, durch den Urwald zu laufen, so wirst du dich durch eine Menge Dickicht schlagen müssen. Erlaubst du dir aber den kühnen Gedanken, in die Luft aufzusteigen, dann wirst du dich über den Wald erheben und frei umherfliegen. Niemand hält dich fest außer dir selbst.

Aber solange der Mensch sein göttliches Wesen nicht akzeptiert, ist er nicht imstande zu glauben, dass er alles einfach so bekommen kann, ohne jede Bedingung und nur mithilfe der äußeren Absicht. Das ist gar nicht so einfach, denn das Wesen Gottes wurde fast bis zur Unkenntlichkeit verzerrt: Vom Schöpfer wurde Er zum Herrscher gemacht, der Anbetung verlangt. Und was tut dieser Herrscher? Er nimmt die Rolle des Weltenrichters an, indem Er Recht spricht, bestraft, Vergeltung übt und Befehle erteilt; schließlich sorgt Er auch noch für Seine Untertanen.

In Wahrheit jedoch sehen wir nichts von alledem. Stattdessen sind wir Zeuge endloser Willkür und Gesetzlosigkeit. Die Gerechten leiden, und die Sünder können ungestraft ihr Unwesen treiben. Die Gerechtigkeit "triumphiert" höchst selten, und auch dann nur mit Ach und Krach. Bittgebete bringen nicht das erhoffte Resultat. Sollte man nicht erwarten, dass es für den allmächtigen Gott ein Leichtes wäre, Bitten zu erfüllen und die Gerechtigkeit wiederherzustellen?

Um solche offensichtlichen Widersprüche zu glätten, versuchen die Anhänger der Pendel die Geschehnisse in der Welt so zu interpretieren, dass das Drehbuch zu der Rolle passt, die sie Gott zugeschrieben haben. In diesem Sinne haben sie sich alle möglichen Erklärungen ausgedacht wie: "Das ist Gottes Wille", oder: "Jeder wird nach seinen Verdiensten gerichtet, wenn er eines Tages vor Ihn tritt." Man könnte meinen, die Menschen seien wie ungezogene Kinder ihrem Vater entlaufen und können sich daher alle möglichen Untaten erlauben, bis dieser sie einfängt und mit aller Härte bestraft.

Worin besteht dann aber der Plan Gottes, wenn wir alle herkömmlichen Vermutungen ablehnen? Um diese Frage zu beantworten, wollen wir nicht spekulieren oder philosophieren, sondern einfach noch einmal die Tatsache feststellen, dass der Plan jedes Lebewesens die Steuerung der Realität ist - weder Rechtsvollzug noch die Erfüllung von Wünschen und Bitten, weder die Belohnung von Verdiensten noch die Bestrafung von Sünden, sondern die Steuerung der Realität. Das ist es, was in Tat und Wahrheit geschieht.

Niemand ist in der Lage, etwas zu tun, was Gott nicht will. Alles untersteht tatsächlich Seiner Kontrolle. Nur manifestiert er diese

Kontrolle nicht zentral, auf einem Himmelsthron sitzend, sondern durch die Lebewesen. Denn könnte Gott die Welt lenken, wenn Er sich außerhalb von ihr befände? Jedes Lebewesen ist ein Teil Gottes, und daher kann die Absicht des Lebewesens von Seiner Absicht nicht verschieden sein.

Gott, der in jedes Lebewesen eine Seele als Teil Seiner selbst gegeben hat, hat jeden mit der Fähigkeit ausgestattet, je nach seinem Bewusstsein die Realität zu steuern. Jedes Wesen verfügt über eine unterschiedliche Bewusstseinsstufe, angefangen vom Menschen bis hin zum Mineral. Der Mensch steht natürlich auf einer hohen Bewusstseinsstufe, das bedeutet aber nicht, dass Steine nicht ihr eigenes Leben lebten, einfach nur in einer anderen Zeitdimension. Alles, was in der Realität existiert, trägt seinen Teil zu ihrer Steuerung bei. Die Flüsse graben sich einen Weg durch die Landschaft; Berge entstehen auf flachem Land, in Wüsten oder Wäldern; Festland und Meer ringen miteinander um Territorium - sie alle verfügen über ein eigenes Maß an Bewusstsein und sind bestrebt, die Realität zu steuern. Und je höher ihre Bewusstseinsstufe, desto mehr Möglichkeiten haben sie dabei.

Nehmen wir als Beispiel die Pflanzen. Sie bieten einen gewohnten Anblick, und doch tragen sie alle möglichen Geheimnisse in sich. Niemand bestreitet, dass sie leben, aber kaum jemand kommt auf die Idee, sie im vollen Sinne des Wortes für "lebendig" zu halten. Der Mensch betrachtet die Pflanzen als seelen- und gefühlloses Material, das seine Umgebung nicht bewusst wahrnehmen kann. Das ist ein großer Fehler. Pflanzen haben ein sehr feines Nervensystem - ihre Zellen stehen mittels elektrischer Potenziale in wechselseitigem

Austausch. Diese seltsamen Wesen können auf ihre eigene Weise sehen, hören, tasten sowie Geschmäcker und Gerüche wahrnehmen. Außerdem haben sie die Fähigkeit, miteinander zu kommunizieren, sich zu erinnern, zu analysieren und sogar bewusst zu erleben.

Der amerikanische Forscher Cleve Backster führte einmal ein Experiment durch, bei dem er eine Pflanze an einen Lügendetektor anschloss. An dem Versuch nahmen zwei Personen teil: Einer schnitt ihre Zweige und Blätter ab, der andere kümmerte sich liebevoll um sie. Die Pflanze lernte, die beiden zu unterscheiden. Wenn der "Böse" ins Zimmer kam, schlug die Nadel wie verrückt aus, wenn der "Gute" sich näherte, beruhigte sie sich. Aufgrund seiner Experimente kam Backster zu dem Schluss, dass Pflanzen in der Lage sind, elektromagnetische Schwingungen und sogar Gedanken zu registrieren! Er brauchte nur daran zu denken, ein Blatt abzureißen, und schon waren ungestüme Reaktionen der Pflanze zu verzeichnen. Backsters Forschungen wurden mehrfach von anderen Wissenschaftlern wiederholt – jedes Mal mit dem gleichen Ergebnis.

In einem Labor, wo ähnliche Versuche durchgeführt wurden, zeigte eine Zimmerpflanze Merkmale von Gefühlen, die wir Liebe nennen. Während eine Laborantin ein Enzephalogramm der Pflanze erstellte, bemerkte sie, wie diese behaglich zu "schnurren" begann, wenn sie sie goss und liebkosend mit ihr sprach. Sobald die Frau das Zimmer betrat, brach die Pflanze in Begeisterung aus, während sie auf andere Personen nicht reagierte. Wie erstaunt waren die Forscher, als eine Pflanze Merkmale von Eifersucht an den Tag legte! Sobald jemand einen Flirt mit einem Vertreter des anderen Geschlechts begann, fiel die Pflanze in einen Zustand, den man kaum anders als depressiv nennen kann.

Das ist aber noch nicht alles. Die Forschung hat außerdem ergeben, dass sogar bei DNS-Strängen ansatzweise primitives Reagieren zu verzeichnen ist. Spektrometer-Messungen zeigen, dass die Ausstrahlung eines DNS-Moleküls offenbar nicht nur Informationen über den Zellaufbau, sondern auch über das "Befinden" der Zelle in sich tragen. Wenn die Moleküle "sich wohlfühlen", zeigen sie eine ruhige Ausstrahlung. Bei übermäßiger Erwärmung der Spektrometer-Kammer beginnen sie "zu kreischen". Ab einer bestimmten Temperatur werden die Moleküle vernichtet. Das Merkwürdigste aber ist, dass sogar in der leeren Kammer, wo die Moleküle zerstört wurden, noch vierzig Tage später die "Todesschreie" registriert werden konnten; das Spektrometer zeigte eine Phantomausstrahlung der sterbenden Moleküle an, die rein physisch gar nicht mehr existierten. Diese Ergebnisse wurden erstmals Mitte der achtziger Jahre vom russischen Genetiker Peter Garjajew gemessen, der damals am physikalisch-technischen Institut der Russischen Akademie für Wissenschaften arbeitete. Es sollte allerdings nicht unerwähnt bleiben, dass die offizielle Wissenschaft diesen Experimenten - wie kaum anders zu erwarten - sehr skeptisch gegenübersteht.

Pflanzen können natürlich nicht aus vollem Halse schreien oder sich zu ihren Rechten oder Gefühlen äußern. Aber sie haben eine Seele und vermögen zu leiden oder sich zu freuen. Allerdings befinden sie sich im Vergleich zum Menschen in einem tiefen Traum. Sie gleichen einem Schlafenden, der im Traum lächelt, wenn er eine angenehme, zärtliche Stimme hört, und finster dreinschaut, wenn ihn feindliche Stimmen bedrängen. Diese anmutigen Träumer dienen als Quelle un seres Lebens, zieren unsere Welt, liefern uns einen heilsamen Trunk oder spenden uns Schatten in der heißen Mittagssonne. Außerdem werden sie nicht patzig und stellen keine Ansprüche. Pflanzen können, wenn auch gedämpft, all das fühlen, was auch wir fühlen. Sie lieben uns, wenn wir uns um sie kümmern, und sind bestrebt, uns mit ihren Früchten zu danken. Die Vorstellung, dass sie es spüren, wenn wir sie kränken, ist allerdings beschämend. Was fühlt wohl ein Baum, wenn ein höher entwickelter, aber gefühlskalter Zweibeiner daherkommt und ihm gedankenlos einen Zweig abbricht. Angst, Schmerz, Beleidigung? Und kann man sich den Schrecken vorstellen, wenn sich ihm ein Zweibeiner mit einer Axt nähert? Es ist schwer, sich zu vergegenwärtigen, welche ungeheuren Leiden ein Baum durchmacht, während die Axt in seinen Körper fährt und langsam, aber sicher sein Leben dahinschwindet.

Wir werden die Gefühle der Pflanzen - dieser schweigenden Zeugen der Grausamkeit des Menschen, welcher in ihnen nicht mehr sieht als Biomasse - niemals wirklich verstehen. Uns bleibt nur zu hoffen, dass sie tief genug schlafen, um Leiden nicht in gleichem Maße zu erfahren wie jene Wesen, die angeblich auf der höchsten Stufe des Bewusstseins stehen. Ändern können wir nichts daran, denn die Welt ist nun einmal so konzipiert, dass ein Lebewesen auf Kosten eines anderen existiert. Das gibt dem Menschen aber noch lange nicht das Recht zu denken, in dieser Welt der Träumenden verfüge er allein über eine Seele und Bewusstsein - und alle anderen könne er missachten.

Nicht umsonst ist es bei Völkern, die von der Zivilisation noch relativ verschont geblieben sind, üblich, vor dem Töten eines Tieres oder dem Fällen eines Baumes das betreffende Geschöpf um Verzeihung zu bitten. Anhänger des Buddhismus zum Beispiel achten immer darauf, nicht unabsichtlich Insekten auf dem Wege zu zertreten, und sie laufen auch nicht über eine Wiese, wenn es einen Fußweg gibt. Alle Lebewesen sind unserer Achtung würdig, und alle haben die gleichen Rechte. Wenn nun der Mensch diese Idee nicht beherzigt, welchen Wert hat er dann?

Verglichen mit allen übrigen Bewohnern unseres Planeten, ist der Mensch nur relativ "wach", nicht mehr als das. Denn das Leben ist eine Art Traum. Wir sind von einer Welt umgeben, die von träumenden Wesen besiedelt ist. Und jedes von ihnen lebt in seinem eigenen Traum und will ständig etwas, strebt nach etwas und hat seine eigene Wahrheit und sein eigenes Ziel. Ein solches Ziel hat jedes Lebewesen. "Warum ist das so? Wieso?", fragt der Mensch, der sich einbildet, auf dem Gipfel der Vollkommenheit zu stehen. Weil der Prozess der Zielerlangung der Motor der Evolution ist. Evolution ist die von Gott gewählte Art der Schöpfung und Realitätsgestaltung.

Die Idee der Evolution ist erst vor relativ kurzer Zeit aufgetaucht. Früher nahm man an, die Welt sei keinen prinzipiellen Veränderungen unterworfen und existiere in der Form, wie sie ursprünglich von Gott erschaffen wurde. In Kürze lässt sich das Wesen der Evolution wie folgt umreißen: ein Prozess ununterbrochener quantitativer Veränderungen, die allmählich in qualitative Veränderungen übergehen. Zum ersten Mal wurde diese Idee von Charles Darwin unter biologischem Aspekt beschrieben. Die treibenden Kräfte der Evolution sind, laut Darwin, die *genetische Variabilität* und die *natürliche Selektion*. Die Variabilität bewirkt die Ausformung neuer Merkmale im Aufbau und in den Funktionen des Organismus, und die Vererbbarkeit festigt diese Merkmale. Als Folge des Existenzkampfes überleben in erster Linie die stärksten Individuen.

In Darwins Theorien ist alles richtig, doch er hat ein wesentliches Moment außer Acht gelassen: Wodurch ist eigentlich die Variabilität bedingt? Die natürliche Selektion und die Vererbbarkeit fixieren entstehende Merkmale bzw. beseitigen sie wieder. Doch woher kommen diese Merkmale, und was bedingt ihr Erscheinen? Warum wachsen bestimmten Tieren Flossen, Flügel, Klauen, Wolle, Hörner u. a., wenn sie so etwas vorher überhaupt nicht hatten?

In der Evolution kann man Sprünge, Verzögerungen, Rückschritte und das Auftauchen ganz neuer Formen beobachten - kurzum Dinge, die sich aus der Sicht einer geregelten Evolution nicht erklären lassen. So ist es zum Beispiel unmöglich, eine logische Entwicklungskette der Sehorgane aufzustellen. Woher ist die Sehkraft eigentlich gekommen, und wie hat sie sich entwickelt? Es handelt sich dabei um eine sprunghafte Entwicklung, eine prinzipielle Veränderung, die nicht einfach per Zufall entstehen konnte. Ganz zu schweigen von der Herkunft des Lebens als solchem: Ist der genetische Code des Lebens etwa eines Tages aus heiterem Himmel entstanden?

Aus dem Modell des Transsurfings ergibt sich folgender offensichtlicher Schluss: *Variabilität entsteht durch Absicht.* Jedes Lebewesen formt die Schicht seiner Welt, einschließlich seiner selbst. Das Bestreben, die Realität zu steuern, ist mit einem Ziel verknüpft, und um dieses so gut wie möglich zu erreichen, kann es nötig sein, seine Gestalt entsprechend zu verändern und sich der Umwelt anzupassen. Angefangen von den Einzellern bis hin zum Menschen, ist die Absicht immer ein lebendiges Prinzip, und dieses lässt sich auf folgenden Nenner bringen: *Ich bemühe mich, so zu handeln und zu sein, dass ich die Realität möglichst effektiv steuern kann.* Genau diese Absicht manifestiert die entsprechenden Sektoren des Variantenraums, und als Folge bilden sich neue Merkmale heraus.

Zum Beispiel ist es ja bekannt, dass die ältesten Vögel an den Flügeln Klauen hatten, um Bäume ersteigen zu können. Bevor sie zu fliegen lernten, mussten sie wahrscheinlich zuerst in die Höhe klettern, um dann herabzugleiten. Eine Realitätssteuerung nach der Art "Ich klettere auf Bäume" ist nicht besonders effektiv. Da wäre es schon angenehmer, eine Funktion zu ergänzen: "Ich kann nach unten gleiten." Aber noch besser ist: "Ich fliege frei umher." Die Absicht, mit der Zeit frei fliegen zu können, manifestiert in der Realität immer neue Varianten, eine besser als die andere. Diese Entwicklung beansprucht einen Zeitraum von vielen Generationen. Schritt für Schritt materialisieren sich Sektoren, in denen die Flügel immer vollkommenere Formen annehmen.

In der Evolution gibt es neben den schöpferischen auch zerstörerische Prozesse. Dabei kommen sowohl das erste als auch das zweite Pendelgesetz zum Tragen. Die Pendel erfüllen im Laufe der Evolution sowohl destruktive als auch stabilisierende Funktionen. Ihr endloser Kampf führt zur Verdrängung einiger Arten durch andere, manchmal auch zu ihrer völligen Vernichtung. Andererseits synchronisieren die Pendel die Absicht von Individuen. Wie hätten sich sonst die gleichen Merkmale einer bestimmten Lebensform in verschiedenen Lebensräumen gleichzeitig entwickeln können?

Die Entwicklung der gesamten materiellen Welt ist eine Folge der Vereinigung innerer und äußerer Faktoren, die in Form des Bestrebens von Individuen und des Wirkens der Pendel auftreten. *So erschafft*

Gott die Realität und lenkt sie: durch die Absicht aller Lebewesen. Mit der Seele hat Er in jedes Lebewesen einen Teil Seiner Absicht eingegeben und in einen Traum gesandt - das Leben.

Unsere Welt ist ein Theater der Träume, wo Gott gleichzeitig als Zuschauer, Drehbuchautor, Regisseur und Schauspieler auftritt. Als Zuschauer betrachtet Er das Stück, das sich auf der Bühne der Welt abspielt. Als Schauspieler erlebt und fühlt Er das Gleiche, was auch das Lebewesen fühlt, dessen Rolle Er einnimmt. Offenbar ist es Gottes Ansinnen, alles zu erfahren, was in diesem bunten Kaleidoskop der Träume nur möglich ist. Doch warum gibt es in diesem Stück so viel Elend und Ungerechtigkeit? Warum lässt Er das alles zu? Existieren die Pendel - jene Geißeln der Welt - etwa auf Seinen Antrieb hin?

Auf diese Fragen gibt es keine Antwort. Die Motive Gottes kennt allein Er selbst. Wir können lediglich die Tatsache feststellen: Als Regisseur und Drehbuchautor gewährt Er dem Stück die Möglichkeit, sich frei zu entwickeln, gemäß der Absicht aller Teilnehmer. Jeder leistet einen Beitrag zur Formung der Realität; daraus entsteht dann ein einheitlicher Film: der Traum Gottes, der aus einer Vielfalt von Träumen gewoben ist - den Träumen Seiner individuellen Manifestationen, der Lebewesen.

Aber eigentlich sind Fragen, die wir nicht beantworten können, ja ziemlich belanglos. Wichtig ist nur eine grundlegende Schlussfolgerung, die sich aus dem bereits Gesagten ergibt: *Gott hat jedem Lebewesen die Freiheit und die Macht gegeben, seine Realität gemäß seinem Bewusstsein zu formen.* Je nach der Bewusstheitsstufe eines

Individuums verwandelt sich das Leben entweder in einen unbewussten Traum, in dem der Träumende hilflos der Gewalt der Umstände ausgeliefert ist, oder in einen bewussten Traum, der sich durch die Kraft der Absicht lenken und überwachen lässt.

Jeder hat die Freiheit der Wahl, nur nutzt längst nicht jeder dieses Privileg. Wieso aber dauert der Evolutionsprozess so lange, wenn doch jeder kraft seiner Absicht imstande ist, den entsprechenden Sektor des Variantenraums zu manifestieren? Weil praktisch alle Lebewesen die Absicht nicht bewusst und zielgerichtet anwenden. Im Zustand des unbewussten Traums sind ihre Wünsche nur verworren ausgeprägt. Sie wollen etwas, wissen aber nicht genau, was.

In diesem Sinne hat der Mensch den Tieren nichts voraus. Wie gesagt, die Pendel haben ihm nicht nur die Fähigkeit genommen, die Realität durch Gedankenkraft zu steuern, sondern auch die Kenntnis, dass dies überhaupt möglich ist. In die destruktiven Spiele der Pendel verwickelt, begnügt sich der Mensch mit der umgekehrten Wirkung der äußeren Absicht und bekommt als Ergebnis die Manifestation negativer Beziehungen und der schlimmsten Erwartungen. Im Übrigen ist er gezwungen, mit großer Mühe die Ziele im engen Rahmen seiner inneren Absicht zu erreichen.

Trotz alledem hat ein Mensch mit hinreichend entwickelter Bewusstheit die Möglichkeit, aus dem Teufelskreis auszubrechen und sein Leben in einen bewussten Traum umzuwandeln, in dem die Realität durch den Willen direkt beeinflusst werden kann. Wenn in jedem von uns ein Teilchen Gottes ist, so ist unsere Absicht auch die Absicht Gottes. Indem wir unsere Realität durch die Kraft der Absicht formen, erfüllen wir den Willen Gottes. *Wenn Sie eine Absicht zum Ausdruck bringen, so können Sie dies demnach für Gottes Absicht halten. Wieso sollten Sie also daran zweifeln, dass sie erfüllt wird?* Sie brauchen sich nur das Recht dazu zu nehmen.

Nicht bitten, nicht fordern und nicht anstreben, sondern kreieren. Formen Sie Ihre Realität mithilfe der bewussten Absicht. Kann Gott etwa sich selbst um etwas bitten? Gibt es jemanden, von dem Gott etwas fordern könnte? Er nimmt sich einfach alles, was Er will.

Wenn Sie zu Gott beten, so ist das genauso, als würde Gott zu sich selbst beten. Wenn Sie Gott um etwas bitten, so ist das genauso, als würde Gott sich selbst um etwas bitten. Das kann man auch umdrehen: Sie beten zu sich selbst und bitten sich selbst um etwas.

Wenn Ihre Absicht Gottes Absicht ist, wem sind dann Ihre Ängste und Zweifel zuzuordnen? Ebenfalls Gott. Er hat Ihnen die Freiheit der Wahl gegeben. Es liegt an Ihnen, all das zu wählen, was Sie sich wünschen. Indem Sie den schweren Weg wählen, verfolgen Sie mit Anstrengung Ihr Ziel und müssen dabei alle möglichen Hindernisse überwinden. Wie sollte es auch anders sein? Schließlich sind Sie ja überzeugt davon, dass man nichts umsonst bekommt - also wird Ihnen nur nach Ihrem Glauben geschehen.

Aber ist Gott so armselig, dass Er für etwas arbeiten müsste? Er hat es nicht nötig, Seine Kräfte im Kampf mit einer unnachgiebigen Realität zu verschwenden. Er ist in der Lage, eine neue Realität zu formen, wie Er sie sich wünscht. Das Gleiche kann auch der Mensch tun, wenn er nur versteht, dass dies auch möglich ist. Warum also wachen Sie nicht aus Ihrem Traum auf und nutzen Ihr ursprüngliches Privileg? Wenn Sie dazu bereit sind, ist der Rest nur noch eine Sache der Technik. Im nächsten Band werden Sie erfahren, wie Sie all dies genau bewerkstelligen.

Zusammenfassung

- *Die Welt ist ein dualer Spiegel, auf dessen einer Seite sich die materielle Wirklichkeit und auf dessen anderer Seite sich der metaphysische Variantenraum befindet.*
- *Der Mensch versteht die Realität so, wie man es ihm beigebracht hat.*
- *Das Leben gleicht einem unbewussten Traum mit offenen Augen, weil der Mensch bezüglich der Realität keinen Halt hat.*
- *Steigen Sie herab in den Zuschauerraum - und beobachten Sie. Handeln Sie mit Abstand, und bleiben Sie Beobachter.*
- *Das Senken der Wichtignahme, die Bewegung mit dem Variantenstrom und die Koordination ermöglichen es Ihnen, sich blindlings durch den Traum des Lebens zu bewegen.*
- *Das Leben jedes Lebewesens ist ein Traum Gottes.*
- *Die Lebensaufgabe - wie auch der Dienst an Gott - besteht darin, Mitschöpfer zu werden: Seite an Seite mit Gott zu schöpfen.*
- *Der Prozess der Zielerlangung ist der Motor der Evolution.*
- *Die Variabilität der Arten entwickelt sich im Laufe der Evolution durch die Absicht.*
- *Gott erschafft die Realität und lenkt sie durch die Absicht aller Wesen.*

- *Gott hat jedem Lebewesen die Freiheit und die Macht gegeben, seine eigene Realität zu formen, und zwar gemäß der individuellen Bewusstseinsstufe.*
- *Wenn Sie eine Absicht zum Ausdruck bringen, so können Sie dies für Gottes Absicht halten. Wieso sollten Sie also daran zweifeln, dass sie erfüllt wird?*
- *Nicht bitten, nicht fordern und nicht anstreben, sondern kreieren.*

GLOSSAR

Abhängigkeitsverhältnis

Ein Abhängigkeitsverhältnis entsteht durch das Stellen einer Bedingung, im Sinne von: "Wenn du dies tust, tue ich jenes." Zum Beispiel: "Wenn du mich liebst, wirst du alles stehen und liegen lassen und mich bis zum Ende der Welt begleiten." "Wenn du mich nicht heiratest, liebst du mich nicht." "Wenn du mich lobst, bin ich dein Freund." "Wenn du mir nicht deine Schaufel gibst, jage ich dich aus dem Sandkasten."

Wenn Liebe zu einem Abhängigkeitsverhältnis wird, entstehen unvermeidlich eine Polarisierung und ein Ungleichgewicht. Bedingungslose Liebe ist eine Liebe ohne Besitzanspruch, Bewunderung ohne Götzendienst. Mit anderen Worten, ein solches Gefühl erzeugt kein Abhängigkeitsverhältnis zwischen dem, der liebt, und dem Objekt der Liebe.

Das Gleichgewicht kommt aus dem Lot, wenn zwei Dinge oder Personen verglichen oder gegenübergestellt werden. "Wir sind so, und die da sind anders." Zum Beispiel Nationalstolz: im Vergleich mit welchen Nationen? Das Gefühl der Unvollkommenheit: im Vergleich mit wem? Oder Eigendünkel: im Vergleich mit wem?

Wo eine Gegenüberstellung stattfindet, dort treten unvermeidlich die Nivellierungskräfte auf den Plan. Ihre Wirkung läuft entweder darauf hinaus, die gegensätzlichen Subjekte voneinander zu trennen, sie zu einem gegenseitigen Einvernehmen zu bringen oder sie miteinander kollidieren zu lassen. Wenn Sie die Polarisierung ins Leben gerufen haben, werden sich die Nivellierungskräfte vor allem gegen Sie wenden.

Absicht

Die Absicht lässt sich in etwa definieren als *die Entschlossenheit zu haben und zu handeln.* Was realisiert wird, ist nicht ein Wunsch, sondern eine Absicht. Wünschen Sie sich mal, die Hand zu heben. Der Wunsch nimmt in Ihren Gedanken Form an. Sie sind sich im Klaren darüber, dass Sie die Hand heben wollen. Hebt der Wunsch die Hand? Nein, der Wunsch an sich führt nicht zur Handlung. Die Hand hebt sich nur dann, wenn die Gedanken den Wunsch verarbeitet haben und es zum Entschluss kommt, die Hand zu heben. Kann nun diese Entschlossenheit zum Handeln die Hand heben? Wieder nein. Sie haben den endgültigen Entschluss gefasst, die Hand zu heben, aber sie tut es immer noch nicht. Was bewirkt nun das Heben der Hand? Wie können wir bestimmen, was auf den Entschluss folgt?

Hier zeigt sich die Hilflosigkeit der Vernunft, eine verständliche Erklärung zu finden, was genau die Absicht ist. Unsere Definition der Absicht als Entschlossenheit zu haben und zu handeln beschreibt eigentlich nur das Präludium zu der Kraft, die die geplante Handlung dann in die Tat umsetzt. Wir können einfach nur feststellen, dass die Hand weder durch den Wunsch noch durch den Entschluss, sondern durch die Absicht gehoben wird.

Es gibt eine innere und eine äußere Absicht. Mit innerer Absicht ist die aktive Einwirkung auf die Umwelt gemeint - das ist die *Entschlossenheit zu handeln.* Die äußere Absicht ist die *Entschlossenheit zu haben,* wobei sich die Welt dem Willen des Menschen wie von selbst unterwirft. Die innere Absicht ist die Konzentration der Aufmerksamkeit auf den Prozess der Bewegung zum Ziel hin. Die äußere Absicht ist die Konzentration der Aufmerksamkeit darauf, wie das Ziel von selbst erreicht wird. Mit der inneren Absicht *wird das Ziel erreicht,* mit der äußeren *manifestiert es sich.* Alles, was mit Magie und paranormalen Erscheinungen zu tun hat, gehört in den Bereich der äußeren Absicht. Alles, was im Sinne des herkömmlichen Weltbildes erreicht wird, wird durch die Kraft der inneren Absicht erreicht.

Dia

Unsere Vorstellung von uns selbst und unserer Umwelt ist oft weit von der Wahrheit entfernt. Zu dieser Verzerrung tragen unsere *Dias* bei. Zum Beispiel beunruhigen Sie einige Ihrer Mängel, und Sie erfahren deswegen ein Gefühl der Unvollkommenheit, weil Sie den Eindruck haben, dass auch anderen diese Dinge missfallen. Im Umgang mit anderen stecken Sie Ihr Dia des Unvollkommenheitskomplexes in Ihren "Projektor" und sehen alles in verzerrtem Licht.

Das Dia ist ein verzerrtes Bild der Wirklichkeit in Ihrem Kopf. Ein negatives Dia bewirkt in der Regel eine *Einheit von Seele und Verstand* und manifestiert sich folglich in der Realität. Unsere schlimmsten Erwartungen gehen in Erfüllung. Negative Dias kann man aber in positive umwandeln und für sich arbeiten lassen. Wenn Sie mit Absicht ein positives Dia kreieren, hat es die seltsame

Fähigkeit, die Schicht Ihrer Welt umzuformen. Ein Zieldia ist die bildliche Vorstellung davon, dass das Ziel bereits erreicht ist. Die systematische Visualisierung eines Dias führt zur Materialisierung des entsprechenden Sektors des Variantenraums.

Einheit von Seele und Verstand

Der Verstand hat einen Willen, ist aber nicht in der Lage, die äußere Absicht zu lenken. Die Seele kann ihre Übereinstimmung mit der äußeren Absicht empfinden, hat aber keinen Willen. Sie fliegt durch den Variantenraum wie eine ungesteuerte Papierschlange. Um die äußere Absicht dem Willen unterzuordnen, sollte man die *Einheit von Seele und Verstand* anstreben. Dies ist ein Zustand, bei dem die Gefühle der Seele und die Gedanken des Verstands auf einen Nenner gebracht werden. Wenn zum Beispiel jemand von einer frohen Eingebung erfüllt ist, "singt" seine Seele, und sein Verstand "reibt sich die Hände". In diesem Zustand ist der Betreffende in der Lage, schöpferisch tätig zu sein. Es kommt aber auch vor, dass Seele und Verstand in Unruhe, Angst oder Ablehnung zu einer Einheit finden. Dann erfüllen sich die schlimmsten Erwartungen. Und wenn der Kopf eines sagt, das Herz aber etwas anderes, dann befinden sich Seele und Verstand in Uneinigkeit.

Erfolgswelle

Eine Erfolgswelle ist eine Art Ansammlung günstiger Lebenslinien. Im Variantenraum gibt es alles, auch solche Goldadern des Schicksals. Wenn Sie auf die erste Linie einer Glückssträhne geraten, können Sie sich wie von selbst auf die nächste Linie gleiten lassen, wo weitere glückliche Umstände folgen. Folgt jedoch auf den ersten Erfolg ein schwarzer Streifen, so wurden Sie von einem destruktiven Pendel angestoßen und von der Erfolgswelle abgebracht.

Freiling

Freiling ist eine effektive Technologie menschlicher Beziehungen, die Bestandteil des Transsurfings ist. Das grundlegende Prinzip des Freilings lässt sich wie folgt erklären: *Geben Sie die Absicht auf zu bekommen, und ersetzen Sie sie mit der Absicht zu geben; dann bekommen Sie das, was Sie aufgegeben haben.*

Die Wirkung dieses Prinzips beruht darauf, dass sich Ihre äußere Absicht die innere Absicht Ihres Partners zunutze macht, ohne dessen Interessen zu missachten. Im Endeffekt bekommen Sie von Ihrem Partner das, was Sie mit den herkömmlichen Methoden der inneren Absicht nicht erreichen konnten. Wenn Sie sich nach diesem Prinzip richten, werden Sie in persönlichen und geschäftlichen Beziehungen eindrucksvolle Ergebnisse erzielen können.

Induzierter Übergang

Katastrophen, bewaffnete Konflikte und Wirtschaftskrisen entwickeln sich spiralförmig. Am Anfang entsteht ein Keim, der sprießt und sich entfaltet; allmählich baut sich immer mehr Spannung auf bis hin zur Kulmination, wo die Emotionen mit aller Macht entflammen. Schließlich verteilt sich die gesamte Energie im Raum, und eine zeitweilige Stille setzt ein. Ein Strudel funktioniert nach dem gleichen Muster.

Die Aufmerksamkeit einer Gruppe von Menschen verfängt sich in der Schlinge des Pendels, das umso stärker in Schwingung kommt und alles hinter sich auf Lebenslinien des Elends mitreißt. Der Mensch antwortet auf den ersten Stoß des Pendels - indem er zum Beispiel auf ein negatives Ereignis reagiert -, gerät in dessen spiralförmige Einflusszone und wird in die Sache hineingezogen wie in einen Trichter.

Das Bild vom Trichter demonstriert den induzierten Übergang auf eine Lebenslinie, wo der Mensch zum Opfer wird. Seine Reaktion auf den Anstoß des Pendels und die darauf folgende gegenseitige Versorgung mit Schwingungsenergie induziert den Übergang auf eine Lebenslinie, die der Schwingungsfrequenz des Pendels nahekommt. Daraufhin taucht ein negatives Ereignis in der Weltschicht des betreffenden Menschen auf.

Koordinierung der Absicht

Die Manifestation der schlimmsten Erwartung bei Menschen, die zu Negativität neigen, bestätigt, dass der Mensch den Lauf der Dinge beeinflussen kann. Jedes Ereignis auf den Lebenslinien hat zwei Abzweigungen im Variantenraum: eine zur günstigen und eine zur ungünstigen Seite. Jedes Mal, wenn Sie mit einem bestimmten Ereignis konfrontiert werden, treffen Sie mit Ihrer Reaktion eine Wahl. Erachten Sie das Ereignis als positiv, so geraten Sie auf die günstige Abzweigung der Lebenslinie. Eine Neigung zur Negativität jedoch würde Sie zwingen, Unzufriedenheit zu äußern und somit die ungünstige Abzweigung zu wählen.

Wenn Sie sich über etwas ärgern, folgt eine neue Unannehmlichkeit auf dem Fuße. Deshalb sagt man auch: “Ein Unglück kommt selten allein.” Doch eine solche Kette von Unglücksfällen wird nicht durch das Unglück selbst ausgelöst, sondern dadurch, wie Sie mit ihm umgehen. Sie ist eine Folge Ihrer Wahl an der Weggabelung. Wenn Sie einmal überlegen, wie stark Sie zu Negativität neigen, können Sie eine Vorstellung davon bekommen, wie weit Sie im Laufe Ihres Lebens vom positiven Pfad abdriften werden.

Das Prinzip der Koordinierung der Absicht lässt sich wie folgt erklären: Wenn Sie sich vornehmen, eine scheinbar negative Veränderung des Drehbuchs im positiven Licht zu sehen, wird sich alles zum Positiven wenden. Wenn Sie sich an dieses Prinzip halten, können Sie es im Positiven genauso weit bringen wie die Negativisten auf dem Pfad ihrer schlimmsten Erwartungen.

Koordinierung der Wichtignahme

Nehmen Sie nichts und niemanden übermäßig wichtig. Nicht Sie, sondern nur die Pendel haben etwas davon. Die Pendel steuern den Menschen wie eine Marionette, und zwar *mithilfe der Fäden seiner Wichtignahme.* Der Mensch fürchtet sich davor, diese Fäden loszulassen, weil er sich in einer durch die Illusion des Halts und der Überzeugung geschaffenen Abhängigkeit befindet.

Überzeugung ist das gleiche Überschusspotenzial wie Unsicherheit, nur mit umgekehrtem Vorzeichen. Bewusstheit und Absicht ermöglichen es uns, das Spiel der Pendel zu ignorieren und unsere Ziele ohne Kampf zu erreichen. Wenn es aber Freiheit ohne Kampf gibt, dann besteht für Überzeugung keine Notwendigkeit. Wenn ich von der Wichtignahme frei bin, brauche ich nichts zu beschützen oder zu erobern - ich gehe einfach meinen Weg, und nehme mir das Meine.

Um von den Pendeln frei zu werden, muss man sich von interner und externer Wichtignahme lossagen. Probleme und Hindernisse auf dem Weg zum Ziel entstehen auch als Folge des Überschusspotenzials der Wichtignahme. Die Hindernisse ruhen beharrlich auf dem Fundament der Wichtignahme. Reduzieren wir jedoch vorsätzlich die Wichtignahme, so werden die Hindernisse von allein wegkippen.

Lebenslinie

Wie jede Bewegung in der Materie besteht das Leben des Menschen aus einer Kette von Ursachen und Wirkungen. Eine Wirkung liegt im Variantenraum immer in der Nähe ihrer Ursache. In ähnlicher Weise setzen sich auch nahe gelegene Sektoren des Variantenraums zu Lebenslinien zusammen. Drehbuch und Bühnenbild der verschiedenen Sektoren auf einer Lebenslinie sind ihrer Eigenschaft nach gleich. Das Leben des Menschen fließt gemächlich auf einer Lebenslinie dahin, bis ein Ereignis mit deutlich unterschiedlichem Drehbuch und Bühnenbild eintritt. Dann macht das Schicksal eine Wende und wechselt auf eine andere Lebenslinie. Sie befinden sich immer auf solchen Linien, deren Parameter Ihrer geistigen Ausstrahlung entsprechen. Wenn sich Ihre Einstellung zur Welt, d. h. Ihre geistige Ausrichtung, ändert, so werden Sie auf eine andere Lebenslinie übergehen, wo die Ereignisse sich anders entwickeln.

Materielle Realisierung

Die Informationsstruktur des Variantenraums kann sich unter bestimmten Bedingungen materialisieren. Wie jeder Raumsektor hat auch jeder Gedanke bestimmte Parameter. Die gedankliche

Ausstrahlung, die einen entsprechenden Sektor "einblendet", manifestiert oder realisiert dessen Variante. So nehmen die Gedanken direkten Einfluss auf den Lauf der Dinge.
Der Variantenraum dient als Schablone, er bestimmt die Form und die Bahn der Bewegung der Materie. Die materielle Realisierung bewegt sich durch Raum und Zeit, aber die Varianten bleiben an einem Ort und existieren ewig. Jedes Lebewesen formt mit seiner gedanklichen Ausstrahlung die Schicht seiner Welt. Unsere Welt ist von einer Vielfalt lebender Organismen bewohnt, und jeder leistet seinen Beitrag zur Realitätsbildung.

Nivellierungskräfte

Überall dort, wo ein Überschusspotenzial ist, entstehen Nivellierungskräfte, die auf dessen Beseitigung abzielen. Das Potenzial entsteht durch die gedankliche Energie des Menschen, wenn er einem Objekt übermäßig viel Bedeutung beimisst.

Wir wollen zur Veranschaulichung zwei Situationen vergleichen: Sie stehen auf dem Fußboden Ihres Hauses oder am Rande eines Abgrunds. Im ersten Falle sind Sie nicht im Geringsten beunruhigt. Im zweiten Fall hat die Situation für Sie sehr große Bedeutung. Ein unvorsichtiger Schritt, und es ist um Sie geschehen. Auf der energetischen Ebene hat die Tatsache, dass Sie stehen, in beiden Fällen die gleiche Bedeutung. Aber wenn Sie am Abgrund stehen, kreieren Sie durch Ihre Angst eine Spannung, eine Unebenheit im energetischen Feld. Als Folge davon entstehen Nivellierungskräfte, die auf die Beseitigung der Unebenheit gerichtet sind. Sie können ihre Wirkungsweise auch spüren: Eine unerklärliche Kraft scheint Sie nach unten zu ziehen, doch gleichzeitig treibt Sie etwas dazu, sich vom Rand zu entfernen. Denn um das

Überschusspotenzial Ihrer Angst zu beseitigen, müssen die Nivellierungskräfte Sie entweder vom Rande wegbewegen oder nach unten ziehen. In beiden Fällen ist Schluss mit der Angst, und diese gegensätzliche Wirkung können Sie spüren.

Die Nivellierungskräfte zur Beseitigung von Überschusspotenzialen bewirken die meisten unserer Probleme. Ihre Tücke besteht darin, dass wir oft genau das Gegenteil des Ergebnisses bekommen, das wir uns vorgenommen hatten. Was genau geschieht, ist dabei völlig unverständlich. Man könnte das Gefühl haben, eine unerklärliche böse Kraft handle nach einer Art "Gesetz der Gemeinheit".

Pendel

Die gedankliche Energie ist materiell, und sie verpufft nicht einfach spurlos. Wenn Menschengruppen in einer bestimmten Richtung zu denken beginnen, türmen sich "Gedankenwellen" auf, und im Ozean der Energie entstehen unsichtbare, aber reale, energoinformative Strukturen - die Pendel. Diese Strukturen beginnen sich selbstständig zu entwickeln und unterwerfen die Menschen ihren Gesetzen. Wer unter den Einfluss eines Pendels gerät, verliert seine Freiheit und wird zu einem Rädchen im Getriebe.
Je mehr Schwung ein Pendel aufnimmt, desto mehr Menschen - Anhänger - werden durch seine Energie gespeist. Jedes Pendel hat seine charakteristische Schwingungsfrequenz. Eine Schaukel kann man zum Beispiel zum Schwingen bringen, indem man sich einfach um eine bestimmte Frequenz bemüht. Diese Frequenz wird Resonanz genannt. Verringert sich die Anzahl der Anhänger, werden die Schwingungen gedämpft. Hat das Pendel gar keine Anhänger mehr, so bleibt es stehen und "stirbt".

Um einem Menschen Energie zu entziehen, klammern sich die Pendel an seine Gefühle und Reaktionen: Empörung, Unzufriedenheit, Hass, Frust, Unruhe, Aufregung, Niedergeschlagenheit, Verwirrung, Verzweiflung, Angst, Mitleid, Anhänglichkeit, Entzücken, Rührung, Idealisierung, Hochachtung, Begeisterung, Enttäuschung, Stolz, Hochmut, Verachtung, Abneigung, Kränkung, Pflicht- und Schuldgefühle, etc.

Die Hauptgefahr für jemanden, der dem Einfluss eines destruktiven Pendels nachgibt, besteht darin, dass das Pendel sein Opfer von jenen Lebenslinien abbringt, wo dessen Glück liegt. Wir sollten uns von aufgedrängten Zielen befreien, denn im Kampf um sie entfernen wir uns immer weiter von unserem eigenen Weg. Das Pendel ist von seinem Wesen her ein Egregore, aber damit ist bei Weitem noch nicht alles gesagt. Der Begriff "Egregore" (Gruppengeist) gibt nicht den gesamten Komplex der Wechselwirkungen des Menschen mit den energoinformativen Wesen wieder.

Polarisierung

Überschusspotenziale entstehen dann, wenn irgendwelche Eigenschaften übermäßig wichtig genommen werden. Ein Abhängigkeitsverhältnis entsteht zwischen Menschen, die sich miteinander vergleichen oder einander gegenüberstellen, nach dem Muster: "Wenn du das tust, tue ich jenes." Ein Überschusspotenzial an sich ist nicht so schlimm ... bis die verzerrte Bewertung sich verselbstständigt und eine Art Eigenleben erhält. Sobald ein künstlich überbewertetes Objekt einem anderen gegenübergestellt wird, entsteht eine *Polarisierung*, welche wiederum den *Wind der Nivellierungskräfte* herbeiruft. Die Nivellierungskräfte sind bestrebt, die entstehende Polarisierung zu beseitigen, und ihre Wirkung richtet sich meist gegen denjenigen, der diese Polarisierung hervorgerufen hat.

Das Rätsel des Aufsehers

"Jeder kann die Freiheit finden, alles zu wählen, was er will. Wie ist diese Freiheit zu bekommen?" Der Mensch weiß nicht, dass er das, was er sich wünscht, nicht *anzustreben* braucht, sondern es einfach *bekommen* kann. Das klingt völlig unglaublich, aber es ist tatsächlich so. Die Antwort auf obige Frage lernen Sie erst kennen, wenn Sie die Transsurfing-Reihe zu Ende gelesen haben. Schauen Sie aber nicht gleich ins letzte Kapitel des letzten Bandes, sonst werden Sie die Antwort nicht verstehen.

Sektoren des Variantenraums

In jedem Punkt des Variantenraums existiert eine *Variante* dieses oder jenes Ereignisses. Zum leichteren Verständnis wollen wir sagen, dass die Variante aus einem *Drehbuch* und einem *Bühnenbild* besteht. Das Bühnenbild ist die Erscheinungsform der Materie und das Drehbuch der Weg, auf dem sich die Materie bewegt. Der Einfachheit halber kann man den Variantenraum in Sektoren unterteilen. Jeder Sektor hat sein eigenes Drehbuch und sein eigenes Bühnenbild. Je größer die Entfernung zwischen den Sektoren, desto stärker der Unterschied zwischen den Drehbüchern und Bühnenbildern. Das Schicksal der Menschen kann man sich auch als eine Vielzahl von Varianten vorstellen. Theoretisch gibt es keine Beschränkungen in Bezug auf die möglichen Wendungen des menschlichen Schicksals, denn der Variantenraum ist unendlich.

Transsurfing

Das Wort Transsurfing habe ich mir nicht ausgedacht, es ist mir von irgendwoher eingefallen; aus der gleichen Quelle stammen auch alle anderen Begriffe, ja sogar der Inhalt der Buchreihe an sich. Die Bedeutung des Wortes verstand ich bis vor einiger Zeit selber nicht. Man könnte "Transsurfing" deuten als "das Gleiten durch den Variantenraum", "die Transformation einer potenziell möglichen Variante in die Realität" oder "der bewusste Übergang von einer Lebenslinie zur anderen". Wenn Sie sich jedoch näher mit dem Transsurfing beschäftigen, dann besteht der Sinn darin, dass Sie auf einer Erfolgswelle reiten.

Überschusspotenzial

Ein Überschusspotenzial ist eine Spannung, eine lokale Wölbung in einem ansonsten ebenmäßigen Energiefeld. Eine solche Unebenheit entsteht durch gedankliche Energie, wenn man ein Objekt übermäßig wichtig nimmt. Zum Beispiel ist der Wunsch ein Überschusspotenzial, denn es handelt sich um das Bestreben, einen heiß ersehnten Gegenstand an einen Ort zu holen, wo es ihn nicht gibt. Der quälende Wunsch, etwas zu bekommen, was man nicht hat, erzeugt ein energetisches Druckgefälle, das den Wind der Nivellierungskräfte herbeiruft. Andere Beispiele eines Überschusspotenzials sind Unzufriedenheit, Missbilligung, Entzücken, Hochachtung, Idealisierung, Überbewertung, Verachtung, Eitelkeit sowie das Gefühl von Überlegenheit, Schuld oder Unvollkommenheit.

Variantenraum

Der Variantenraum ist eine Informationsstruktur. Dieses unendliche Informationsfeld beinhaltet beliebige Varianten aller möglichen Ereignisse. Man kann sagen, im Variantenraum existiert alles, was war, ist und sein wird. Der Variantenraum dient als Schablone, als Koordinatensystem der Bewegung von Materie in Raum und Zeit. Vergangenheit und Zukunft werden dort wie auf einem Film stationär gespeichert, und der Effekt der Zeit zeigt sich nur in der Bewegung jenes Einzelbildes, in dem die Gegenwart beleuchtet wird.

Die Welt existiert gleichzeitig in zwei Formen: der physischen Realität, die wir mit den Händen berühren können, und dem metaphysischen Variantenraum, der jenseits der Sinneswahrnehmung liegt, aber nichtsdestoweniger objektiv existent ist. Der Zugriff auf dieses Informationsfeld ist prinzipiell möglich. Intuitive Erkenntnis und Hellsehen haben dort ihren Ursprung. Der Verstand ist nicht in der Lage, etwas grundsätzlich Neues zu kreieren. Er kann nur ein neues Haus aus alten Steinen bauen. Das Gehirn speichert nicht die Informationen selbst, sondern so etwas wie Adressen von Daten im Variantenraum. Der Verstand bezieht alle wissenschaftlichen Entdeckungen und Meisterwerke der Kunst mittels der Seele aus dem Variantenraum.

Träume sind keine Illusionen im herkömmlichen Sinne. Der Verstand stellt sich Träume nicht etwa vor - er sieht sie wirklich. Was wir in der Realität sehen, sind manifestierte Varianten. Im Traum sind wir in der Lage, unmanifestierte Sektoren zu sehen, das heißt Stücke mit virtuellen Drehbüchern und Bühnenbildern. Die Träume zeigen uns mögliche Geschehnisse aus Vergangenheit oder Zukunft. Ein Traum ist eine Reise durch den Variantenraum.

Variantenstrom

Alle Information ist matrixartig im Variantenraum gespeichert. Die Informationsstruktur ist in Form von miteinander verbundenen Ketten aufgebaut. Kausale Zusammenhänge bewirken einen *Variantenstrom.*

Der unruhige Verstand wird ständig von den Pendeln angestoßen und macht es sich zur Aufgabe, alle Probleme selbst lösen zu wollen, wobei er versucht, die Lage unter Kontrolle zu halten. Die Willensbeschlüsse des Verstandes sind meistens sinnlose Schläge ins Wasser. Die meisten Probleme, vor allem die kleinen, lösen sich von selbst, wenn man nicht gegen den Variantenstrom ankämpft.

Der Hauptgrund, warum man sich nicht aktiv der Strömung widersetzen sollte, ist der, dass man damit entweder Schaden anrichtet oder nur eine Menge Energie verschwendet. Die Strömung geht den Weg des kleinsten Widerstands und beinhaltet deshalb die effektivsten und vernünftigsten Problemlösungen. Widerstand gegen die Strömung hingegen führt zu vielen neuen Problemen.

Der mächtige Intellekt des Verstandes ist nutzlos, wenn es bereits eine Lösung im Variantenraum gibt. Wenn wir uns nicht auf eine Fahrt ins Ungewisse einlassen und den Variantenstrom in Ruhe lassen, wird die Lösung von selbst kommen - und zwar auf optimale Weise. Das Optimum ist bereits in der Struktur des Informationsfeldes angelegt. Im Variantenraum ist alles möglich, doch höchstwahrscheinlich werden sich jene Varianten manifestieren, die am wenigsten energieaufwändig sind. Die Natur verschwendet keine Energie.

Wahl

Transsurfing bietet eine prinzipiell neue Herangehensweise zum Erlangen von Zielen an. Wir treffen eine Wahl, ohne uns um die Mittel zum Erlangen unseres Ziels Sorgen zu machen, so als würden wir eine Bestellung im Restaurant aufgeben. Schließlich manifestiert sich das Ziel größtenteils von selbst, unabhängig von den direkten Handlungen des Bestellers. Wünsche und Träume werden nicht in Erfüllung gehen; aber die Wahl ist ein unumstößliches Gesetz, das immer funktioniert. Das Wesen der Wahl lässt sich nicht mit ein paar Worten erklären. Im gesamten Transsurfing geht es darum, was diese Wahl ist und wie man sie trifft.

Wegzeichen

Wegzeichen weisen auf eine künftige Windung des Variantenstroms hin. Wenn ein Ereignis bevorsteht, das wesentlichen Einfluss auf den Lauf der Dinge haben kann, erscheint oft ein Zeichen der Ankündigung. Wenn der Variantenstrom seine Richtung wechselt, sollten Sie auf den Übergang auf eine andere Lebenslinie gefasst sein. Die Lebenslinien unterscheiden sich voneinander durch ihre Parameter. Die Veränderungen können unbedeutend sein, werden aber dennoch bewusst oder unbewusst empfunden: Irgendetwas ist nicht mehr so wie zuvor.

Wegzeichen erscheinen nur in dem Fall, wenn der Übergang auf eine andere Lebenslinie beginnt. Es kann sein, dass Sie die bestimmten Phänomene gar nicht bemerken. Zum Beispiel mag eine Krähe krächzen, aber Sie beachten sie gar nicht. Sie haben keinen qualitativen Unterschied bemerkt, also befinden Sie sich immer noch auf der gleichen Lebenslinie. Aber wenn etwas in einer Erscheinung Sie misstrauisch macht, handelt es sich um ein Wegzeichen. Ein Wegzeichen unterscheidet sich von einer gewöhnlichen

Erscheinung dadurch, dass es den Übergang auf eine ganz andere Lebenslinie einläutet.

Weltschicht

Jedes Lebewesen manifestiert durch Gedankenenergie einen bestimmten Sektor des Variantenraums und erschafft so seine eigene Weltschicht. Diese Schichten stapeln sich übereinander auf, und so tragen wir alle zur Gestaltung der Realität bei.

Durch seine Weltanschauung erschafft der Mensch eine individuelle Schicht der Welt, seine eigene Realität. Diese Schicht nimmt je nach Person eine bestimmte Schattierung an. Bildlich gesprochen werden "Wetterbedingungen" geschaffen: mal Morgenfrische im Sonnenglanz, mal ein von düsteren Regenwolken verhangener Himmel, mal ein tobender Orkan oder gar eine richtige Naturkatastrophe. Die individuelle Realität entwickelt sich auf zwei Arten: physisch und metaphysisch. Mit anderen Worten, der Mensch baut durch seine Handlungen und Gedanken seine eigene Welt. Dabei spielen gedankliche Formen eine führende Rolle, denn durch sie schafft der Mensch sich einen bedeutenden Teil der materiellen Probleme, mit denen er immer wieder zu kämpfen hat. Transsurfing befasst sich ausschließlich mit dem metaphysischen Aspekt.

Wichtignahme

Das Phänomen der Wichtignahme taucht dann auf, wenn man einer Sache übermäßig viel Bedeutung beimisst. Es handelt sich um ein Überschusspotenzial in reiner Form, bei dessen Beseitigung die Nivellierungskräfte der Quelle dieses Potenzials Probleme bereiten. Es gibt zwei Arten der Wichtignahme: *intern* und *extern*.

Die interne Wichtignahme, d.h. die Wichtignahme der eigenen Person, äußert sich in Form einer Überbewertung eigener Stärken oder Schwächen. Man denkt: "Ich bin eine bedeutende Persönlichkeit", oder: "Ich habe einen wichtigen Job." Wenn die Wichtignahme ein sehr hohes Niveau erreicht, übernehmen die Nivellierungskräfte die Angelegenheit und geben dem hohen Tier eins aufs Dach. Jemanden, der seine Arbeit für sehr wichtig hält, erwartet ebenfalls eine herbe Enttäuschung: Niemand wird seine Arbeit mehr brauchen, oder er führt sie ganz schlecht aus. Es gibt auch so etwas wie eine Kehrseite der Wichtignahme und zwar die Unterschätzung der eigenen Vorzüge oder die Selbsterniedrigung. Die Größe des Überschusspotenzials ist in beiden Fällen gleich, nur mit umgekehrtem Vorzeichen.

Externe Wichtignahme wird künstlich durch einen Menschen erzeugt, wenn er einem Objekt oder Ereignis der äußeren Welt zu viel Bedeutung beimisst. Die Formel der externen Wichtigkeit lautet: "Dies ist für mich von großer Bedeutung" oder: "Es ist mir sehr wichtig, jenes zu tun." Dabei entsteht ein Überschusspotenzial, und die Sache wird schief laufen. Stellen Sie sich vor, Sie müssten auf einem Balken laufen, der auf der Erde liegt: nichts einfacher als das! Nun aber sollen Sie auf einem Balken balancieren, der die Dächer zweier Hochhäuser verbindet. Es ist für Sie sehr wichtig, keinen Fehltritt zu tun, und es wird Ihnen nicht gelingen, sich vom Gegenteil zu überzeugen.

Ziele und Türen

Jeder von uns hat seinen eigenen, einzigartigen Weg, auf dem er echtes Glück im Leben finden wird. Die Pendel drängen uns fremde Ziele auf, die mit ihrem Prestige und ihrer Unzugänglichkeit locken. Wenn Sie falschen Zielen nachjagen, werden Sie entweder nichts erreichen oder später deren Nutzlosigkeit einsehen.

Ihr Ziel wird Ihr Leben in einen Festtag verwandeln. Das Erreichen Ihres Ziels wird die Erfüllung aller übrigen Wünsche nach sich ziehen, wobei die Ergebnisse alle Erwartungen übertreffen werden. Ihre Tür ist jener Weg, der Sie zu Ihrem Ziel bringt.

Wenn Sie durch Ihre Tür auf Ihr Ziel zugehen, kann Sie nichts und niemand am Erfolg hindern, weil der Schlüssel Ihrer Seele ideal zum Schloss Ihres Weges passt. Niemand kann Ihnen das Ihre nehmen, also wird es auch keine Probleme beim Erreichen Ihres Zieles geben. Das einzige Problem besteht darin, Ihr Ziel und Ihre Tür zu finden. Transsurfing wird Ihnen bei der Suche behilflich sein.

Transsurfing – die Bücher zur Realitätssteuerung von Vadim Zeland

Transsurfing I
Die Realität ist steuerbar
ISBN 978-3-89845-154-3
232 Seiten, broschiert
€ [D] 16,00

Transsurfing 2
Das Praxisbuch
ISBN 978-3-89845-201-4
240 Seiten, broschiert
€ [D] 16,00

Transsurfing 3
Vorwärts in der Vergangenheit
ISBN 978-3-89845-253-3
240 Seiten, broschiert
€ [D] 16,000

Transsurfing 5
Die Realität auf den Kopf gestellt
ISBN 978-3-89845-324-0
192 Seiten, broschiert
€ [D] 16,00

216 Seiten, broschiert
ISBN 978-3-89845-377-6
€ [D] 16,00

Transsurfing in 78 Tagen
Die Kunst der Realitätssteuerung

Das Basiswissen zu Transsurfing fasst Vadim Zeland hier in 78 Schritten zusammen und bietet damit ein Buch, das die Grundlagen der Realitätssteuerung klar und verständlich erklärt. Dieses Basiswissen ist notwendig, um sich das Illusorische der äußeren Welt vor Augen zu führen und zu erkennen, dass die Realität nicht festgeschrieben ist. Jeder Mensch kann zu jeder Zeit aus einer Vielzahl möglicher Wege den für sich richtigen wählen, um sein Ziel zu erreichen. Millionen von Lesern in aller Welt haben Vadim Zelands Bücher gelesen und die Prinzipien des Transsurfings in ihr Leben integriert – mit Erfolg.

296 Seiten, broschiert
ISBN 978-3-89845-445-2
€ [D] 16,00

Transsurfing – Lenker der Realität
Die Antworten

Lenker der Realität ist auf Grundlage von Leserbriefen entstanden. Jegliche Fragen, die noch offen sind, klärt Vadim Zeland in diesem Buch. Warum funktionieren die bekannten Visualisierungsmethoden manchmal sehr gut und in anderen Fällen nicht? Der Grund dafür ist ein fehlendes Teil in der Kette, ohne das alle spirituellen Praktiken Zeitverschwendung sind.

Dieses Buch verrät Ihnen, was das fehlende Teil ist. Wenn Sie den Schlüssel zur Steuerung der Realität erhalten haben, entdecken Sie eine Welt, in der das Unmögliche möglich wird.

144 Seiten, mit Farbteil, broschiert
ISBN 978-3-89845-624-1
€ [D] 12,00

Ewgenij Titow

Die Sibirische Zeder

Die »Königin der Taiga« und die Kostbarkeiten der Zedernnüsse

In diesem Ratgeber zeichnet der Autor ein umfassendes Bild der »Königin der Taiga« und beschreibt anschaulich die verschiedenen Arten, das breite Spektrum an heilenden Wirkungen in den Nüssen, den Nadeln, dem Harz, dem Holz und den ätherischen Ölen und originelle Landschaftsgestaltungen mit der Zeder. So macht er Lust darauf, die majestätischen Bäume auch im eigenen Garten anzusiedeln.
Ein umfangreiches, lehrreiches und auf dem deutschen Markt einzigartiges Kompendium für alle, die mehr über den alten Kultbaum Russlands erfahren möchten.

403 Seiten, gebunden
ISBN 978-3-930243-01-3
€ [D] 28,00

Margret Cheney

Nikola Tesla – Erfinder, Magier, Prophet

Über ein außergewöhnliches Genie und seine revolutionären Entdeckungen

Das Buch berichtet ausführlich über Leben und Werk von Nikola Tesla (1856-1943), der vielfach als »der größte Erfinder aller Zeiten« bezeichnet wurde. Als Entdecker der »Freien Energie« ist er für einige fast zu einem Mythos geworden. Margaret Cheney zeichnet nicht nur sehr lebendig und kompetent das Portrait einer zweifellos exzentrischen, schillernden und nahezu übernatürlich begabten Persönlichkeit; sie beschreibt auch ein Stück spannender Zeit- und Wissenschaftsgeschichte.

288 Seiten, broschiert
ISBN 978-3-89845-420-9
€ [D] 16,00

Larisa Renar

Die Macht der Weiblichkeit

Die Macht weiblicher Energierituale
Dieses Buch beschreibt die Stärken der weiblichen Energie, die schönen Schwächen, die unglaublichen Möglichkeiten und die süßesten Mächte der Erde. Entdecken Sie mit diesem voller Charme geschriebenen Buch Ihre Weiblichkeit, die Macht der Verführung und das Geheimnis, wie Sie Ihre Wünsche realisieren.
Tauchen Sie ein in die moderne Welt von Larisa Renar und in die Welt des frühen 20. Jahrhunderts der Fürstin Varvara Renar. Profitieren auch Sie wie die Autorin von den Kenntnissen der Urgroßmutter, von den Verführungsrezepten und dem geheimen Wissen über die weibliche Macht – und werden Sie zur modernen Liebesgöttin ...

320 Seiten, broschiert
ISBN 978-3-96933-059-3
€ [D] 22,00

Johannes von Buttlar & Trutz Hardo

Supersurfing – Reisen durch Raum & Zeit

Ein Praxisbuch

Traum, Zeitreise oder Quantenphysik?
Wie wäre es eine Zeitreise zu machen oder sich im unendlichen Raum teleportieren zu können? Das ist keine Wunschvorstellung mehr, sondern absolut möglich und real.
Die beiden Autoren belegen das mit Beweisen, historischem Hintergrund, wissenschaftlichen Grundlagen und dem Aufbau der angewandten Technik des SUPERSURFING.
Sie zeigen Ihnen wie Sie die Grenzen durchbrechen und die aufregendsten Erfahrungen durch Zeit und Raum machen können.

272 Seiten, broschiert
ISBN 978-3-89845-678-4
€ [D] 18,00

Andrej Korobeishchikov

Metanoia – Der Weg der Seher

Überwinde die Grenzen deiner Realität

Der Autor offenbart uns die Welt hinter der Welt und enthüllt Stereotypen der Gesellschaft mit einem Trainingsprogramm, durch das wir diese andere Welt, sehen und verstehen können. Als Jäger-Schamane der Taiga bestreitet er den Weg des Sehers.
Durch den Eintritt in ein neues Raum-Zeit-Gefüge, entdeckt man eine Parallelzivilisation und eine Welt die unseren Alltag mit ungeahnten Kräften beeinflusst. Die mystischen Erfahrungen des Autors werden in das moderne Leben eingebunden und es beginnt eine Suche nach dem Höchsten Geist und dem verlorenen Zuhause durch die Schattenseiten der modernen Gesellschaft.

224 Seiten, broschiert
ISBN 978-3-96933-012-8
€ [D] 18,00

Andrej Korobeishchikov

Metanoia 2 – Magische Kosmos-Geometrie

Finde dich in Raum und Zeit

Brechen Sie auf zu einer mystischen Reise, die zu den Geheimnissen der Altai-Schamanen führt und zu einem Wissen, das jahrhundertelang geheim gehalten wurde. Erkennen Sie die Realität die in den Schatten um uns herum lauern.
Dieses Buch beschreibt die Welt so, wie bislang nur die Schamanen sie sehen konnten die hinter das Alltägliche blicken, viel weiter als wir. Das, was früher nur Eingeweihten vorbehalten war, steht jetzt auch den Lesern zur Verfügung.
Unsere Welt wird immer enger, weswegen wir den Weg nach innen auf den Pfaden des Bewusstseins einschlagen müssen, tief in die eigene Seele.

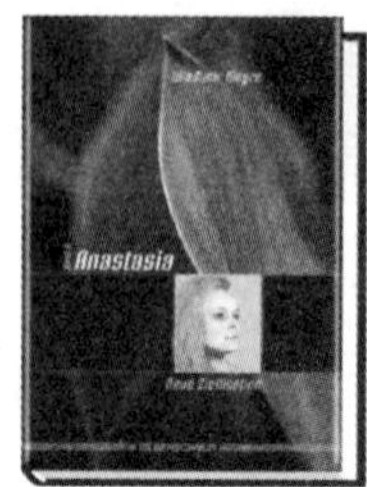

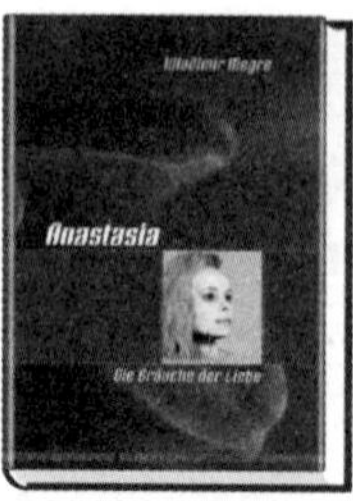

Wladimir Megre

Bd. 6: Anastasia. Das Wissen der Ahnen

Warum steht so vieles nicht in den Geschichtsbüchern? Wie wurde die Welt, wie sie ist? Was können wir tun? Auf diese Fragen gibt Anastasia Antworten. Die Welt, wie wir sie zu sehen glauben, ist nicht die wahre Welt. Diejenigen, die wir als Herrscher wahrnehmen, sind nicht die wahren Herrscher. Auf den der Menschheit vorbestimmten Weg zurückzukehren, bedeutet, diesen machtbesessenen Herrschern die Herrschaft zu entziehen. Dieser Weg ist der Weg zu Frieden und Glück für alle Menschen und für den Kosmos.

280 Seiten, gebunden
ISBN 978-3-89845-040-9 · € [D] 16,00

Wladimir Megre

Bd. 7: Anastasia. Die Energie des Lebens

Das Wesen eines Menschen besteht aus einer Vielzahl verschiedener Energien. Eine dieser Energien ist die Gedankenkraft – der Ursprung aller Dinge –, die trainiert und gefördert werden muss. Anastasia zeigt in diesem Buch u.a., wie man es schaffen kann, seine Gedankenkraft auf ein höheres Niveau zu heben. Wenn dies allen Menschen gelingt, wird Frieden, Freiheit und Glück für alle möglich.

264 Seiten, gebunden
ISBN 978-3-89845-058-4 · € [D] 16,00

Wladimir Megre

Bd. 8.1: Anastasia. Neue Zivilisation

Mit Bildern aus der Vergangenheit zeigt Anastasia, wie auch wir uns heute durch eine gesunde Ernährungsweise die Grundlage für ein langes, erfülltes Leben schaffen können. Anastasias starke Zukunftsvisionen malen eine blühende Zukunft für unseren Planeten und für eine neue Zivilisation, die bereits beginnt, Wurzeln zu schlagen …

208 Seiten, gebunden
ISBN 978-3-89845-123-9 · € [D] 16,00

Wladimir Megre

Bd. 8.2: Anastasia. Die Bräuche der Liebe

Dieser Band der erfolgreichen Anastasia-Reihe beschäftigt sich mit der Einstellung der Gesellschaft zum Thema Liebe sowie mit den Auswirkungen dieser Haltung auf das Zusammenleben der Menschen. Anastasia zeigt anschaulich, wie der Zusammenhalt in Familien gestärkt und die Gestaltung des gesellschaftlichen Lebens geplant werden kann.

240 Seiten, gebunden
ISBN 978-3-89845-180-2 · € [D] 16,00

240 Seiten, broschiert
ISBN 978-3-89845-354-7
€ [D] 14,90

Alexander Sviyash

Ab heute bin ich Glückskind

Leben ist das, was ich will

Haben Sie tatsächlich das, was Sie für Ihr Glück brauchen? Nein? Dabei können Sie jederzeit zu einem wahren Glückskind werden und alles haben, was Sie sich wünschen. Es kommt nur auf Sie an! Alexander Sviyash verrät, wie sich Ihr Leben selbst unter den schwierigsten Bedingungen drastisch zum Besseren wendet und wie Sie zu einem Glückskind werden. Ihre Ziele erreichen Sie zukünftig mit wenig Mühe.
Das mag wie ein Wunschtraum klingen, aber es ist eine unumstößliche Tatsache, von der Sie profitieren können, wenn Sie es nur zulassen …

272 Seiten, broschiert
ISBN 978-3-89845-323-3
€ [D] 16,00

Vadim Tschenze

Vadim Tschenzes russisches Heillexikon

Ein universelles Nachschlagewerk für mehr Lebendigkeit, Stärke, Erfolg und Gesundheit!
Der spirituelle Therapeut und Geistheiler Vadim Tschenze benutzt seit vielen Jahren altes Wissen aus dem Schatz des russischen Schamanismus zur Behandlung seiner Patienten.
Diese kostbaren Weisheiten seiner Urahnen legt er nun als Nachschlagewerk in alphabetischer Reihenfolge vor und schafft somit einen Ratgeber, der in seiner modernen Interpretation von althergebrachtem Wissen einzigartig ist.
Ein Praxisbuch, das in keiner Hausbibliothek fehlen sollte!

352 Seiten, broschiert
ISBN 978-3-96933-041-8
€ [D] 28,00

Vadim Tschenze

Vernetzte Intelligenz

Kollektives Bewusstsein & Hyperkommunikation aller Lebewesen

Alles im Universum ist über Frequenzen miteinander verbunden. Wir leben in einem riesigen Netzwerk, vergleichbar einem kosmischen Internet – in das wir uns mittels unserer DNA einwählen! Aber was bedeutet das genau? Sind wirklich alle Lebewesen über die Hyperkommunikation miteinander vernetzt? Und können verblüffende Phänomene wie Synchronizität oder Telepathie endlich allgemein verständlich erklärt werden? Die Autoren diskutieren zusammen mit ihren renommierten Gesprächspartnern, wie Stephen Hawking oder F. A. Popp. Kritisch hinterfragen sie auch etablierte Theorien und legen so ein besonderes naturwissenschaftliches Buch vor, das ganz ohne Zahlen und Formeln auskommt. Und keine Fragen offen lässt.

Weiterführende Informationen zu
Büchern, Autoren und den Aktivitäten
des Silberschnur Verlages erhalten Sie unter:
www.silberschnur.de

Natürlich können Sie uns auch gerne den
Antwort-Coupon aus dem beiliegenden
Lesezeichenflyer zusenden.

Ihr Interesse wird belohnt!